世界高端文化珍藏图鉴大系

雅韵天成

蜜蜡·珊瑚

收藏与鉴赏

BEESWAX CORAL

任泉溪 / 主编

中国人口出版社
China Population Publishing House
全国百佳出版单位

图书在版权编目（CIP）数据

雅韵天成：蜜蜡·珊瑚收藏与鉴赏 / 任泉溪主编
.— 北京：中国人口出版社，2020.11
（世界高端文化珍藏图鉴大系）
ISBN 978-7-5101-6945-8

Ⅰ.①雅… Ⅱ.①任… Ⅲ.①琥珀—收藏—图集②琥珀—鉴赏—图集③珊瑚虫纲—收藏—图集④珊瑚虫纲—鉴赏—图集 Ⅳ.① G262.7-64 ② TS933.23-64

中国版本图书馆 CIP 数据核字 (2020) 第 083651 号

雅韵天成：蜜蜡·珊瑚收藏与鉴赏

YAYUN TIANCHENG：MILA·SHANHU SHOUCANG YU JIANSHANG

任泉溪　主编

责任编辑：魏志国
排版制作：文贤阁
出版发行：中国人口出版社
印　　刷：北京市松源印刷有限公司
开　　本：787 毫米 ×1092 毫米　1/16
印　　张：16
字　　数：238 千字
版　　次：2020 年 11 月第 1 版
印　　次：2020 年 11 月第 1 次印刷
书　　号：ISBN 978-7-5101-6945-8
定　　价：128.00 元

网　　址：www.rkcts.com.cn
电子信箱：rkcts@126.com
总编室电话：（010）83519392
发行部电话：（010）83530609
传　　真：（010）83519401
地　　址：北京市西城区广安门南街 80 号中加大厦
邮　　编：100054

前言

preface

蜜蜡是古老的松树脂在经过地质作用的高热挤压之后，逐渐石化形成的。它虽然没有钻石那般耀眼，但是它的美浑然天成，那高贵典雅的气质，令人为之倾倒，被人们盛赞为“波罗的海黄金”。珊瑚来自大海深处，是唯一有生命的宝石，被人们称为“千年灵物”。它们含蓄温润、光泽柔和，在岁月的长河中闪烁着迷人的光芒。

自古以来，蜜蜡就是欧洲贵族佩戴的传统饰品，它是欧洲文化的一部分，欧洲人对蜜蜡的迷恋不亚于中国人对玉的热情。在古代中国，蜜蜡也常被用来制作念珠、护身符、祭神的供品等。而千娇百媚、色彩艳丽的珊瑚则被认为是大海的精灵。古人把珊瑚看成吉祥、高贵、幸福的象征，常常将其作为护身符来佩戴。

到了今天，蜜蜡和珊瑚这两种古老的宝石非但丝毫不减当年的魅力，反而凭借自身的优质条件，于近些年掀起了全球收藏热潮，价格不断上涨。现如今，佩戴蜜蜡成为一种时尚，各种款式的蜜蜡饰品令人目不暇接，能适应不同年龄的消费者的需求。珊瑚是来自海洋的瑰宝，高贵典雅的珊瑚首饰也深受人们青睐。在国际市场上，各类珊瑚饰品都很受欢迎，并且价值不菲。其中红珊瑚最受瞩目，堪称时尚界的宠儿。

近年来，随着我国珠宝市场的繁荣，宝石品种不断增多，蜜蜡和珊瑚逐渐脱颖而出，前景广阔。也正因如此，一些商人为了谋取高额利润，纷纷开始制造蜜蜡、珊瑚的仿制品，给广大消费者带来了很大麻烦。鉴于此，本书从实际出发，介绍了蜜蜡和珊瑚的形成、产地、分类、保养、真假鉴别、投资前景等各方面的知识，并选取了大量精美的图片供读者鉴赏。本书图文并茂、通俗易懂，希望能为广大蜜蜡和珊瑚的爱好者提供一些有益的知识。

由于编者水平有限，加之时间仓促，书中难免会有疏漏之处，敬请广大读者批评指正，以便再版时加以修订。

目录
CONTENTS

第一篇　万年尤物——蜜蜡

第二篇　千年灵物——珊瑚

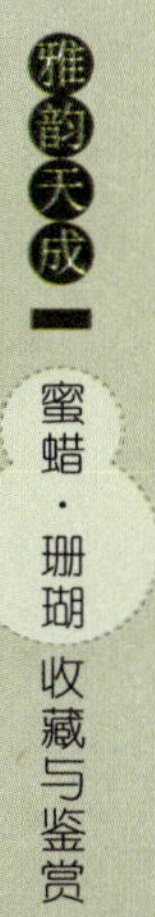

第一篇

万年尤物——蜜蜡

第一章　蜜蜡的概述

蜜蜡的传说

千百年来，古今中外文人在文学上对蜜蜡的歌颂有很多。蜜蜡，除了有宝石的风采之外，它的美更在于它含蓄而智慧的内涵。有位著名的英国诗人曾说："蜜蜡象征永恒的爱侣，不断地散发迷人的魅力，我愿每天为它写下千百首情诗，来表达对它那份热切追求的心意，并全心全意地去爱它。无论置身于哪一个时空，蜜蜡的美名就如它本身一样纯洁、完美……"

蜜蜡福瓜挂件

蜜蜡念珠

蜜蜡在时间的洗礼下，颜色红润，质地晶莹。每一块蜜蜡都是独一无二的，在放大镜下，看着蜜蜡中的小昆虫孤寂和无奈的身影、远古年代的泥土、各种各样细小的植物，使人产生无限遐想。它们在上千万年前形成，穿越了无数时光。蜜蜡不仅是一块美丽而高贵的宝石，更是有生命的“活化石”，是一条通往古代神秘世界的时光隧道。它内部包含的动植物，不仅吸引了收藏家，更具有学术上的价值。

蜜蜡也是佛教中的七宝之一，是佛家的吉祥之物。无论是在东方还是在西方，蜜蜡都以其温润的色泽、古朴的雅致，而受到人们的喜爱。

蜜蜡瑞兽挂件

其实蜜蜡的发现是很早的，但由于人们对蜜蜡的认识不够，因此它总是蒙着一层神秘的面纱，直到近几年，人们对蜜蜡的特性有了全面的了解，才揭开了那层神秘的面纱。

蜜蜡手串

在古希腊的传说中，太阳神阿波罗的儿子私自驾太阳车而遇难。他的母亲和妹妹闻讯后抱头痛哭了四个月，最后妹妹变成了白杨树，而她的眼泪变成了晶莹的琥珀。在北欧民间也有这样的传说：有一次，海的女儿在途中丢失了自己心爱的项链，她一路哭着回到家里，泪水干了，洒在海中的泪珠则变成了珍贵的琥珀。正因为有了这些美丽的传说，琥珀这种珍贵的宝石被蒙上了更多神秘色彩，而“千年琥珀，万年蜜蜡”的说法让蜜蜡显得更加弥足珍贵。似乎它们不再是千万年前由松树脂掩埋而形成的，而是人类情感的凝聚物。

鸡油黄蜜蜡弥勒挂件

蜜蜡的形成

蜜蜡是琥珀的一种，在物理成分和化学成分上都和琥珀没有区别，只是因其“色如蜜、光如蜡”而得名。蜜蜡的质地柔美，色泽温润，深受人们的喜爱。琥珀是4000万年至6000万年前的针叶树木所分泌出来的树脂，经过地壳的变动而深埋地下，逐渐演化而成的一种天然树脂化石。如果按透明度来划分，可以将琥珀分为透明琥珀和不透明琥珀。不透明琥珀颜色似蜜，具有蜡状的光泽和质感，习惯上称之为蜜蜡。

金包蜜观音挂件

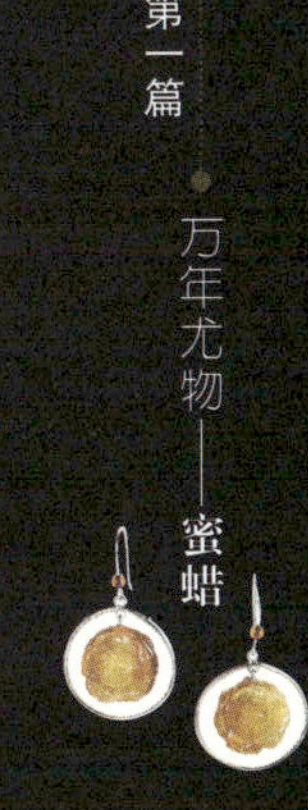

蜜蜡四喜临门提珠

引用亚洲宝石协会研究报告：远在一亿年前的白垩纪至三四千万年前的始新世，地球上生长着许多针叶植物，如松柏和枫树等，这些树木多脂液，在某一地质时期受到外界强烈刺激，分泌了大量脂液落在地上，并随着地质层变动而深埋地下，再经过三四万年以上的地层压力和热力，这些脂液便石化为蜜蜡矿。地质学研究表明，蜜蜡最早形成于距今一亿年左右的白垩纪，最迟则在距今两千万年左右的中新世，中新世形成的蜜蜡比较软（如多米尼加蜜蜡）。之后，因针叶林剧减和石化时间愈来愈不足，加上地层运动渐渐稳定，蜜蜡的形成就愈来愈少。

蜜蜡形成以后，在悠悠岁月中，经历地壳升降迁移、日晒雨淋、冰川河流冲击的种种磨炼，有的露出地表，有的再埋入地下。露出地表的蜜蜡，有的被冲入海中成为海珀，有的被冲入湖中成为湖珀，再埋入地下的成为矿珀（多藏于沉积地层和煤系地层）。蜜蜡在形成的漫长岁月中，受到周围水土有机物、无机物和阳光、地热等环境因素的影响而产生了种种变化，除母体仍为树脂（已经石化）外，其他诸如颜色、比重、硬度等，都产生了一定差异，甚为玄妙。对于这个现象，古人始终无法获得合理解释，直到现代，人们才运用现代化学、物理学理论，揭开了其中的奥秘，分析出其中的玄妙。

清乾隆 蜜蜡仕女佩
高 3.8 厘米
红种蜜蜡

此摆件以蜜蜡制成，肌理细腻，触感温润、熨帖。立体圆雕一仙人环抱一俏皮孩童，仙人神态安详，仁厚睿智，身披长袍，衣袖衣襟飘逸灵动，尽显潇洒与大气，衣褶善用粗细线条及变化，寥寥数刀，亦刻画得自然逼真，栩栩如生。身下环抱之孩童紧紧依偎长者，使整体布局更加丰满充实。自古以来，蜜蜡深受世界各地之皇室贵族钟爱，是历代皇族所采用的饰物与宗教之加持圣物。蜜蜡的质感和彩艳魅力，足以媲美玉石和玛瑙。此摆件用材上佳，刀法刚劲有力，线条柔和，研磨精细，值得珍藏。

清早期 蜜蜡雕仙人摆件

其实，蜜蜡丰富色调的形成，是人们不得而知的，将来亦可能不知道。因为当地球还处于洪荒时期，蜜蜡便开始形成，而在尔后的漫长岁月中，天地宇宙的诸多因素对蜜蜡种质、色泽的影响是极其复杂和难以追溯的，即使在长远的未来，亦不可能揭示其全部奥妙。这亦是蜜蜡将永远保持其神秘性的魅力所在，它将吸引众生对其保有永不消退的兴趣。

清 蜜蜡摆件

两种或两种以上颜色同时侵入树脂并融为一体，会出现多不胜数的变色。蜜蜡本身的多向色性，使其观赏的方向不同，所看到的颜色亦不同。 佩戴日久，得人气呵护，色彩亦会变得更油润、亮泽和晶莹。蜜蜡还会自动变色，暴露于旷野者，长期受日晒雨淋，色调会慢慢变淡。

目前，经过科学研究，对蜜蜡的颜色形成有以下结论：

（1）原蜡若长久埋于“蓝土层”，会逐渐受沙土中的石灰质和氧化钛影响而变成蓝色。所谓“蓝土层”，并不是说土层呈蓝色，而是其所含的石灰质（含碳酸）、氧化钛等成分能令原蜡变成蓝色。

（2）含琥珀酸多的蜜蜡，其黄色较含琥珀酸少的蜜蜡深；所处地层土壤酸性较重的蜜蜡，其黄色亦较深。

（3）铁矿、朱砂或锰等侵入，使之变成红色、棕色、褐色和咖啡色。

（4）硫、硫化物侵入蜜蜡中，能使之变成绿色，乃至蓝紫色，硫酸铜的渗透亦会使之变成绿色。

清 蜜蜡手串

蜜蜡手串

（5）处于腐殖质较多的地层中，蜜蜡受渗透多变成咖啡色，甚至黑色和墨绿色；藏于煤层和灰烬中，则成黑色和灰色。

（6）邻近火山的原蜡会变色，并多带荧光；长期漂浮于水中者，色调会变淡。

（7）长埋雪地者因较少受地热影响，多为土色、棕色、咖啡色、红色和米白色；受地热长久焖焗者，颜色均较深。

蜜蜡的产地

一般蜜蜡的出产地多为伊朗、阿富汗、巴基斯坦以及缅甸、非洲等，那些地方在远古时代针叶林较多。最常见的蜜蜡主要产自波罗的海沿岸，一般以黄色为主，还有些是半透明的状态，称为半蜜半珀。黄色有深浅之别，年头久远的老蜜蜡通常是深黄色，有的甚至发红。波罗的海的蜜蜡只有四五百万年的形成历史，由于形成年代比较短，蜜蜡还没有彻底石化，质地还比较柔软，所以在蜜蜡中价格比较便宜。

蜜蜡福寿如意挂件

"千年琥珀，万年蜜蜡"是真的吗？

1. 反对者观点

蜜蜡与琥珀同出一源，均为在2000万年前至6000万年前由天然树脂形成的"化石"。所谓的"千年琥珀，万年蜜蜡"，其实根本不是这么一回事儿，只不过是无知者装作"无所不知"罢了。

琥珀的产地、质地、年份、色素（不少乃形成化石期间受地底化学物质侵蚀，酷似古玉的各种沁色）与透明度和蜜蜡极为相似。因此，严格地说，蜜蜡只是琥珀的一个品类而已，二者并无不同。

2. 支持者观点

支持这种说法的人又可以分为两类，但两者的立足点则大不相同。

第一种支持者的理论基于让－布吕埃勒·安东博士的观点，认为琥珀和蜜蜡本不相同，蜜蜡的形成年代更古老，而琥珀则相对"年轻"一些。

第二种支持者虽然支持"琥珀、蜜蜡同类说"，但是却认为蜜蜡的形成年代要比琥珀更加古老。这种看法目前是我国琥珀市场的主流观点。

还有一些蜜蜡的出产地在中东，因埋藏地层含矿物质的不同，颜色较为丰富，这些珍稀蜜蜡的形成时间在四五千万年以上，甚至有一亿多年。由于经过长时间的地质变化，这样的蜜蜡已经彻底石化，质地坚硬。但它们的数量却非常稀少，具有极高的收藏价值。所以，如今国内流通的蜜蜡一般都是从波罗的海进口的，而那些五颜六色的蜜蜡多是人工合成的。

蜜蜡的特性

据地质学研究可知，蜜蜡是由远在一亿年前的白垩纪至三四千万年前的始新世的松柏树脂和枫树脂经过地质变化石化而成的。不同的外部环境和物质成分构成了蜜蜡的不同品种和色彩的玄妙变化。蜜蜡是大自然赐予人类的珍贵宝物。它的产生和形成需经千万年，其间历尽沧桑，才有了今天的色彩瑰丽，变化万千。蜜蜡的神奇变化，使它几乎无一雷同，每一块都是世间独一无二的。它的美丽、神奇，总能给人一番惊喜。蜜蜡肌理细腻，触手温润，熨帖人心。

清初 蜜蜡手串

物理特性

非晶体，无固定内部原子结构和外部形状，断口常呈贝层状，折射率为 1.54~1.55。比重 1.05~1.10，仅比水稍大，故部分组织较疏松而又不含其他矿物质的蜜蜡能浮于水。蜜蜡摩擦产生静电荷，能吸附纸片、铁屑等轻微物质，部分不摩擦亦带有静电荷，握之有“啜手”的感觉。

◆ 蜜蜡光泽

蜜蜡作为一种有机珍宝，与无机珍宝在化学成分和原子结构上有很大不同，但在珠宝学特性上，则有颇多相似的地方。从光泽上看，蜜蜡大部分为松脂光泽，但亦有玻璃光泽、金属光泽和光可鉴人的水银光泽。珠宝的光泽与光的反射方式有关，亦与表面的抛光度有关，蜜蜡的情形亦如此，譬如黑蜡和海宝蓝等，只有高度抛光后才显现水银光泽，否则暗淡无光。

◆ 蜜蜡的颜色

蜜蜡的颜色因为产地的不同而有较大差异，色彩的富丽和神奇变化令蜜蜡更具美态与魅力，也能迎合不同人的喜好和需要，给予人更多的乐趣。

在众多宝石中，蜜蜡是颜色最全的，宇宙中可见的黄、红、蓝、青、白、黑、紫、绿、橙基本色调，蜜蜡一应俱全。因为树脂本身就是淡黄色，加上深层土壤黄者居多，受此影响，蜜蜡色泽多为黄色。

天然蜜蜡珠链

此项链由17粒天然蜜蜡珠组成，硕大饱满，实为难得。珠径约2.0厘米。

蜜蜡的富丽堂皇和多姿多彩不仅仅指这些基本色调，更在于蜜蜡的神奇变化。不同的颜色共存于同一块蜜蜡中，以及由此产生的变色、变彩，使蜜蜡的颜色多种多样。不但如此，即使单色蜜蜡，其色层亦有深浅浓淡之别。如果使用不同的光源照射，蜜蜡呈现出来的色彩会另有一番景象。譬如用钨丝光（电灯泡、手电筒发出的光）照射，部分蓝晶和绿晶会变为紫红色。此外，鉴赏者的视角不同，亦会看到不同的颜色。再者，有的蜜蜡甚至只能令观赏者感觉到某种颜色的光影若有若无地闪耀，却没有实际的色体存在。

◆ 特殊光学效应

宝石的璀璨、漂亮在于宝石具有多向色性和光的干涉性。所谓“多向色性”，是指某些珠宝从不同的角度看去，可以有两种或多种的颜色和色调。蜜蜡亦有此情形，如蓝精灵背看为蓝色，正看为紫红色。至于“干涉现象”，则由宝石内部的结构反射光线导致，令珠宝呈现缤纷的变彩，如月长石、蛋白石和钙钠长石等，都有因光的干涉效应而形成的五颜六色的虹彩。蜜蜡亦有因气泡、裂缝和打孔造成的变彩，给人以特殊美感。

明 蜜蜡山形笔架

清 蜜蜡佛珠

化学特性

主要成分为松树脂，温度在 150~180℃软化，250~375℃完全熔化，375℃以上燃烧。不溶于水，溶于乙醚，溶解度为 16%~23%。

蜜蜡手串

蜜蜡的品种

蜜蜡，有机类矿物之一，质地温润，色彩缤纷，用途广泛，价值超卓，与其他自然宝石一样，享有“地球之星”的美誉，而且也因为它形成时间极长，所以又有“活化石”的美称。天然的蜜蜡极难得，所以蜜蜡的价格不比其他珠宝便宜。每件蜜蜡都是蕴含不同灵性的活化石珠宝，最好的养护方法就是经常佩戴。人气的呵护会唤醒蜜蜡，它将变得润泽通透，富于变化，肌理细腻，触手温润，否则便暗淡无光。蜜蜡蕴含无数的色彩，有的透明晶亮，有的半透明，有的不透明但色纹斑斓。颜色不一样的蜜蜡叫法也是不一样的。

无色蜜蜡

此种蜜蜡透明无色，通体纯净，经数千万年日晒雨淋、冷热变化，珠体一尘不染，越发净化了其脂色，晶莹清澈、宝光闪烁，实是不可多得。

清 蜜蜡手串

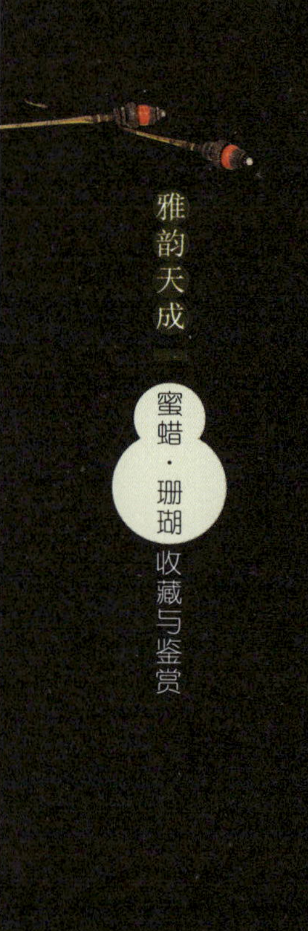

红种蜜蜡

红种蜜蜡多为樱桃红水(或丝)蜡，醉人欲滴的樱桃红水(或丝)蜡色泽浓郁，热情奔放，鲜艳如樱桃，娇媚若玫瑰，代表自信与魅力，可为女士增添高雅瑰丽的气质，尽展雍容华贵。

蓝精灵手串

蓝种蜜蜡

蓝种蜜蜡又叫蓝精灵，珠体均匀、纯正，颜色随光线和观赏角度而变幻，有多向色性，普通光线下俯视呈蓝色，仰视呈粉蓝色，强光照射表面变为紫红色，即所谓“红面效果”。镭射蓝精灵以色蓝、面紫、质清见称，为蜜蜡之极品，其光泽清澈超凡，色彩绚烂富丽，乃最易被直觉感应之色彩，拥有无限的吸引力，犹如夜空中闪烁的星星，与天空辉映成趣。

雪山种蜜蜡

雪山种蜜蜡以色深、温润、色层和流纹丰富者为上乘。流纹变化多端，有直，有横，有如云头，有如飞瀑，令人惊叹于自然之造化。

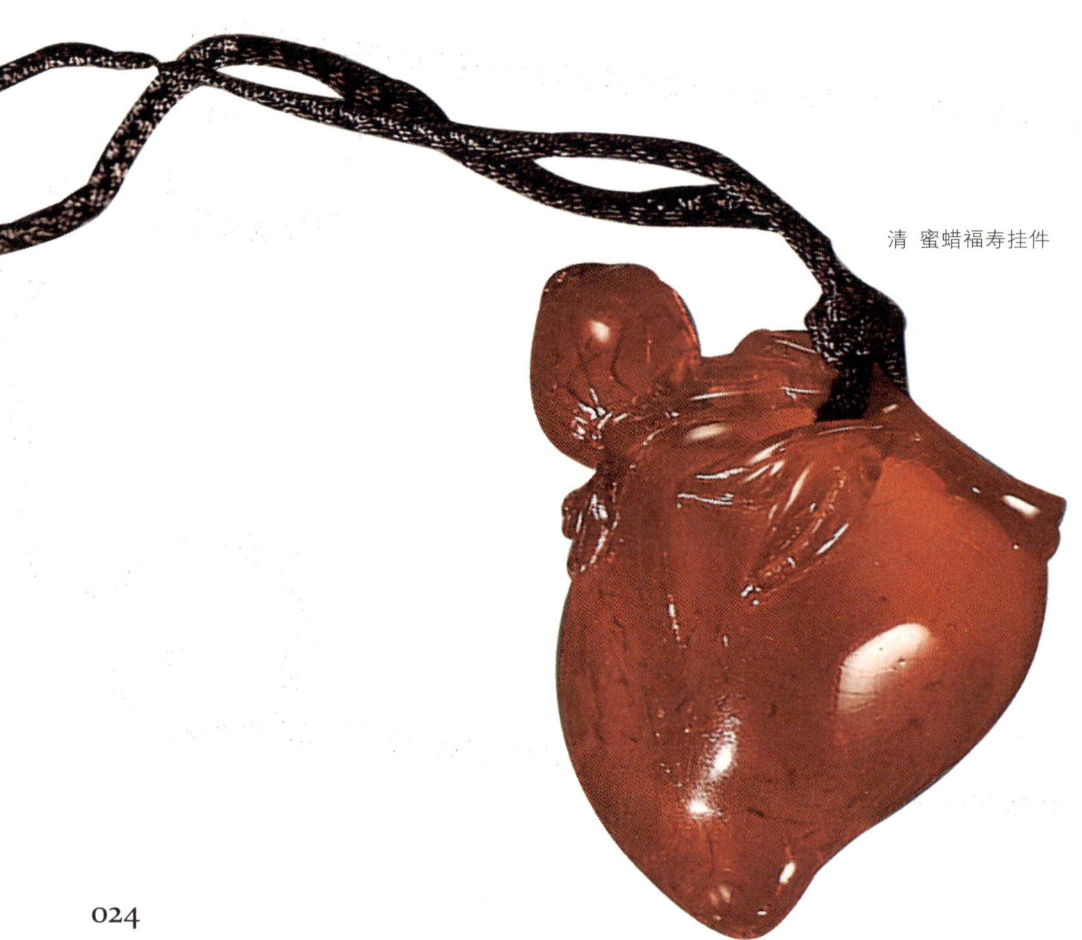

清 蜜蜡福寿挂件

绿种蜜蜡

绿种蜜蜡又叫绿精灵，优质绿精灵珠串非常罕见，价值甚高，通常作为藏家的珍贵收藏品，或悬挂于豪宅厅房，增添空间美感和祥和气氛。珠体一色匀净，光彩夺目如绿宝石般璀璨。

清 草绿色蜜蜡手串

蜜蜡的功效

蜜蜡之所以受到收藏家的喜爱，不仅仅是因为它的价值，还与它的功效有密切的关系。

（1）蜜蜡佩戴的时间久了，会越来越油润。科学研究表明，蜜蜡对人体病症具有一定的预防和治疗功效。在对 260 人进行的抽样调查和研究中证实，佩戴蜜蜡三个月后，诸如头晕、耳鸣、失眠、健忘、胃痛、肠炎、风湿、腰酸、咳嗽等症状都有显著改善。

清早期 蜜蜡仿犀角螭耳杯

清 蜜蜡手串

（2）蜜蜡能够锁住我们的好心情，这个作用相信大家都是非常喜欢的。大家都有过这种感觉吧，好心情总是莫名其妙就没了，而接下来的沉闷，往往会使我们做什么都失去兴趣和动力，工作和生活的质量自然就会下降。但蜜蜡手链可以帮助我们锁住转瞬即逝的好心情，使我们的情绪一直保持良好，这样我们的生活品质自然就会提高了。

清 蜜蜡项链

（3）蜜蜡能够提神，缓解眼睛的疲劳，戴上蜜蜡，使人有安静、舒适、温暖的感觉，减少紧张和恐惧。比如，我们紧张时身体会颤抖，脸发红，蜜蜡则可以帮我们凝神静气，减少外界的干扰，还可以提高我们的平衡能力，特别是站在高处时，可减轻我们的心理负担。蜜蜡还能使人产生希望，变得乐观。

（4）蜜蜡深埋地下逾千万年，因其温润的手感和舒服的色泽而深受人们喜爱。研究认为，蜜蜡里的部分成分可促进新陈代谢，清除体内残余的毒素，提高细胞抵抗疾病、衰老的能力，有助于血脉畅通；佩戴或用来按摩患处，可缓解风湿疼痛、腰酸背痛、四肢麻痹等，能够预防肿瘤、骨质疏松等病症。

（5）蜜蜡是佛教七宝之一，具有驱邪、保平安的功能，对发烧、肠胃的不适也有舒缓作用，甚至可促进肝、肾细胞的活化，在现代生活中，蜜蜡能使人更加冷静，并拥有平和的心态。另外，蜜蜡能吸收有害射线，对常处于电脑、电视环境下的人很有好处。

清 蜜蜡福寿双全佩

清 蜜蜡十八子手串

（6）蜜蜡可用来欣赏、佩戴、装饰、收藏。自远古以来，人类就与蜜蜡有一种亲密关系。

进入 21 世纪，蜜蜡已经掀起全球收藏热潮，价值不断攀升。蜜蜡的质感和魅力，足以媲美钻石和翡翠，可谓最美丽和珍贵的珍宝。

近代 鸡油黄蜜蜡项链

第二章　蜜蜡成品鉴赏

蜜蜡摆件

摆件，就是摆放在公共区域，如桌、柜或橱窗里供人欣赏的东西，范围相当广泛。铁艺、铜艺、不锈钢雕塑、石雕、树脂、玻璃制品、瓷器、陶器、水晶制品、木雕、花艺、浮雕、装饰艺术、手绘大理石等都属于这一系列。

摆件的造型有瓶、炉、壶、如意、花卉、人物、瑞兽、山水、玉盒、鼎、笔筒、茶具、佛像等。

【商品名称】蜜蜡松鹤摆件
【商品尺寸】7 厘米 ×7.5 厘米
【商品品种】红种
【商品产地】缅甸

【商品名称】蜜蜡寿桃摆件
【商品尺寸】长 7.5 厘米
【商品品种】绿种
【商品产地】巴西

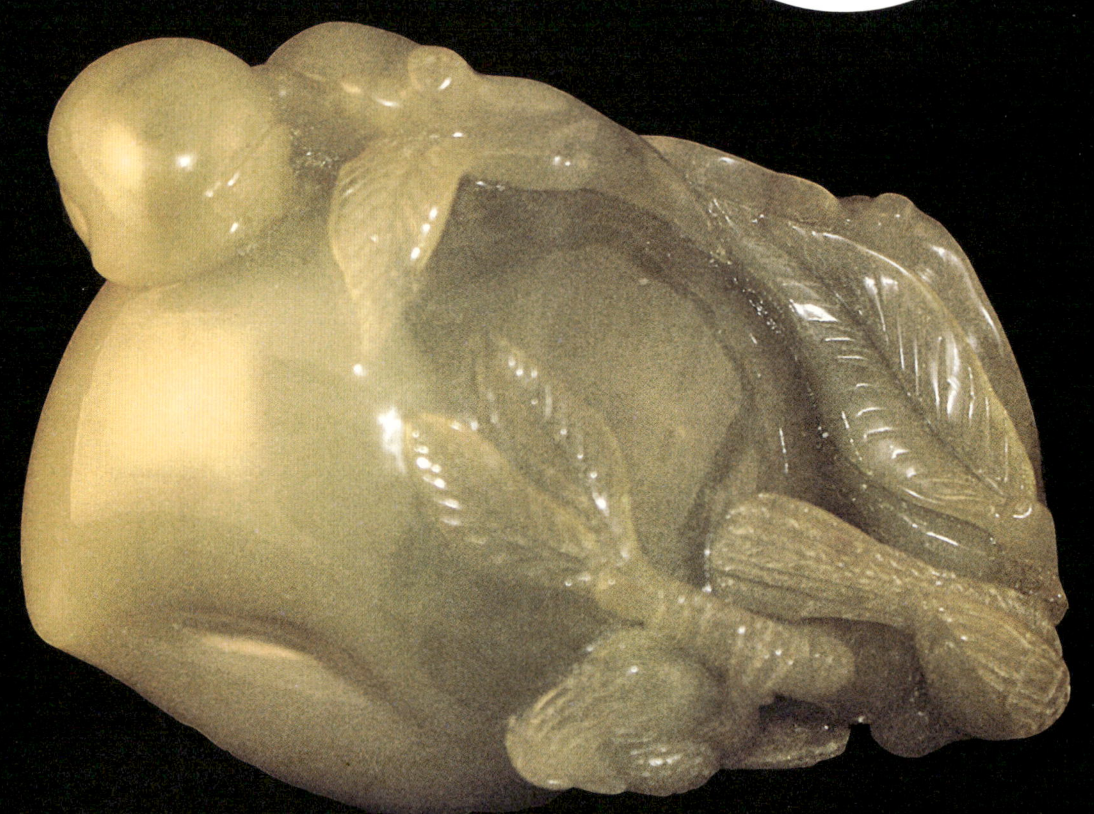

【商品名称】蜜蜡财神爷摆件
【商品尺寸】9 厘米 ×7 厘米
【商品品种】黄种
【商品产地】波罗的海

【商品名称】珍珠蜜观音摆件
【商品尺寸】11.5 厘米 ×8 厘米
【商品品种】珍珠蜜
【商品产地】波罗的海

【商品名称】蜜蜡如意笑佛摆件
【商品尺寸】9.8 厘米 ×7.5 厘米
【商品品种】黄种
【商品产地】波罗的海

【商品名称】明 蜜蜡松下老人摆件

【商品尺寸】高 8 厘米

【商品品种】红种

【商品产地】中国

【商品名称】蜜蜡雕文昌君摆件
【商品尺寸】高 8.5 厘米
【商品品种】红种
【商品产地】波罗的海

【商品名称】清中期 蜜蜡雕梅花随形摆件　【商品尺寸】高 9 厘米
【商品品种】红种　【商品产地】北欧

【商品名称】清 蜜蜡雕葡萄摆件　　【商品尺寸】4.5 厘米 ×3.2 厘米
【商品品种】红种　　【商品产地】波罗的海

【商品名称】明 蜜蜡松鹤延年图摆件
【商品尺寸】高 7.5 厘米
【商品品种】红种
【商品产地】中国

【商品名称】民国 蜜蜡随形嶙峋摆件
【商品尺寸】高 7.5 厘米
【商品品种】红种
【商品产地】中国

蜜蜡饰品

戒 指

【商品名称】天然蜜蜡戒指
【商品产地】波罗的海
【蜜蜡品种】黄种
【成品尺寸】内圈长 5.5 厘米，内环直径 1.8 厘米
【蜜蜡重量】6.99 克

【商品名称】蜜蜡天使之泪戒指
【商品产地】波罗的海
【蜜蜡品种】黄种
【成品尺寸】内圈长 5.7 厘米，内环直径 1.8 厘米
【蜜蜡重量】12.2 克

【**商品名称**】蜜蜡戒指

【**商品产地**】波罗的海

【**蜜蜡品种**】黄种

【**成品尺寸**】内圈长 5.2 厘米，内环直径 1.7 厘米

【**蜜蜡重量**】4.17 克

【商品名称】蜜蜡一世情缘戒指
【商品产地】波罗的海
【蜜蜡品种】黄种
【成品尺寸】内圈长 5.5 厘米，内环直径 1.8 厘米
【蜜蜡重量】4.65 克

【商品名称】蜜蜡柔情蜜意戒指
【商品产地】波罗的海
【蜜蜡品种】黄种
【成品尺寸】内圈长 5.5 厘米，内环直径 1.8 厘米
【蜜蜡重量】2.2 克

【商品名称】蜜蜡聚财葫芦戒指

【商品产地】波罗的海

【蜜蜡品种】黄种

【成品尺寸】内圈长 5.3 厘米，内环直径 1.7 厘米

【蜜蜡重量】7.15 克

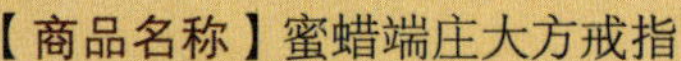

【商品名称】蜜蜡端庄大方戒指
【商品产地】波罗的海
【蜜蜡品种】红种
【成品尺寸】内圈长 5 厘米，内环直径 1.7 厘米
【蜜蜡重量】5.7 克

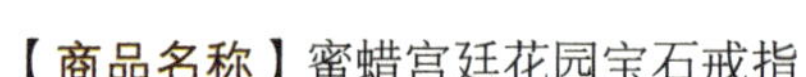

【商品名称】蜜蜡宫廷花园宝石戒指
【商品产地】波罗的海
【蜜蜡品种】黄种
【成品尺寸】内圈长 5.2 厘米，内环直径 1.7 厘米
【蜜蜡重量】5.1 克

耳坠

耳坠的佩戴

1. 耳坠色彩的搭配

耳坠的色彩应与着装色彩相协调，同一色系的调配可产生和谐的美感。反差比较大的色彩搭配要恰如其分，才可充满动感。耳饰的色彩还应与肤色互相陪衬，肤色较暗的人不宜佩戴过于明亮鲜艳的耳饰，可选择银白色，例如珍珠耳饰，来掩饰肤色的暗淡；而皮肤白嫩的女士适合佩戴红色和暗色系耳饰来衬托肤色的光彩。

2. 耳坠的造型与脸型

耳坠所具有的扬长避短的作用，在脸型的陪衬下最突出。圆脸型与任何长款的耳坠都互相呼应，可使脸部变得更秀美些。圆脸型的人不宜戴圆形耳环，那会使脸部显得更丰满。长脸型的人可佩戴圆耳环或大的耳环来调节面部比例，使脸部丰满动人。方脸型的人适宜佩戴小巧玲珑的耳钉或狭长的耳坠，也可佩戴夸张的大耳坠来显示奔放的性格。

3. 耳坠的选择与服装的搭配

职业女性上班时，佩戴简洁的耳饰搭配套装，既有女性美，又显端庄、稳重。夸张的几何图形、粗犷的木质耳环、吉普赛式的巨型圆环，都很有野性味道，以牛仔衣、夹克衫相匹配，可使人富于豪放的现代感，别有韵味。晚宴时，宜佩戴与礼服相协调的耳饰，既华贵高雅，又具有女性魅力。

【商品名称】清 红色蜜蜡耳坠
【商品产地】中国
【蜜蜡品种】红种
【成品尺寸】珠径 1.6 厘米

【商品名称】明 蜜蜡雕鱼形耳坠
【商品产地】中国
【蜜蜡品种】红种
【成品尺寸】4 厘米 ×1.6 厘米

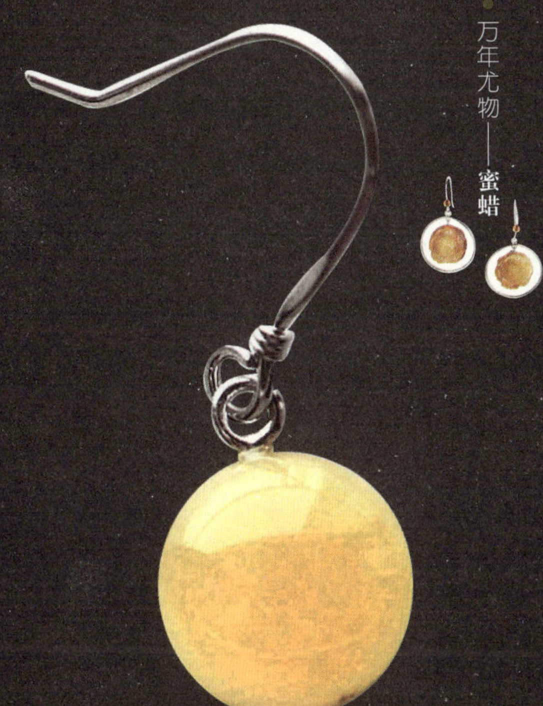

【商品名称】蜜蜡圆珠耳坠
【商品产地】中国
【蜜蜡品种】黄种
【成品尺寸】直径 1.2 厘米，厚 0.6 厘米

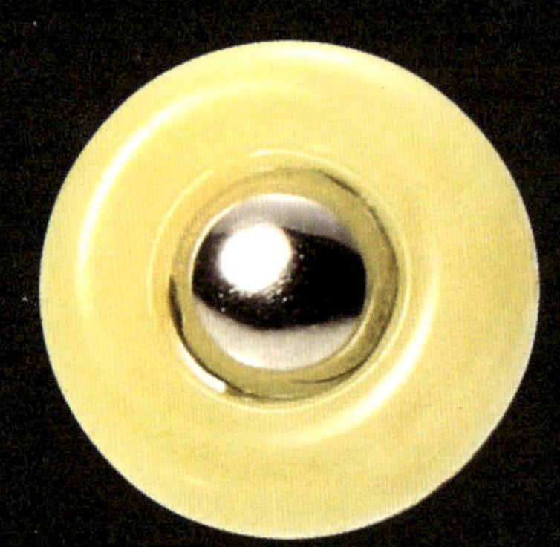
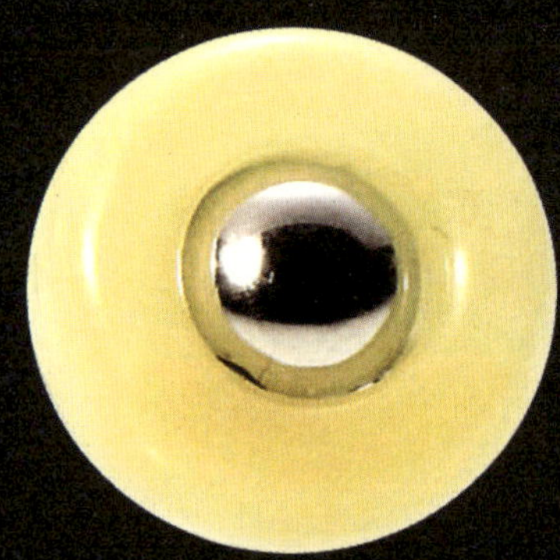

【商品名称】蜜蜡平安扣耳钉
【商品产地】中国
【蜜蜡品种】无色种
【成品尺寸】直径 0.6 厘米，厚 0.4 厘米

【商品名称】925 银镶花珀耳坠
【商品产地】波罗的海
【蜜蜡品种】黄种
【成品尺寸】1 厘米 ×3.2 厘米 ×0.5 厘米

【商品名称】蜜蜡耳坠
【商品产地】中国
【蜜蜡品种】黄种
【成品尺寸】长 2.2 厘米 ~2.6 厘米

【商品名称】蜜蜡 925 银镶玫瑰耳坠
【商品产地】中国
【蜜蜡品种】黄种
【成品尺寸】耳坠直径 2.8 厘米
玫瑰直径 1.7 厘米

手串

【商品名称】清 蜜蜡手串
【商品产地】波罗的海
【蜜蜡品种】红种
【成品重量】19 克
【成品尺寸】珠径 1.4 厘米

【商品名称】清 蜜蜡寿字手串
【商品产地】中国
【蜜蜡品种】红种
【成品重量】9.98 克
【成品尺寸】珠径 1.5 厘米

【商品名称】蜜蜡手串
【商品产地】波罗的海
【蜜蜡品种】黄种
【成品重量】10.9 克
【成品尺寸】珠径 1.6 厘米

【商品名称】清 蜜蜡珠串
【商品产地】波罗的海
【蜜蜡品种】红种
【成品重量】12.7 克
【成品尺寸】珠径 1.4 厘米

【商品名称】蜜蜡手串
【商品产地】阿富汗
【蜜蜡品种】黄种
【成品重量】10.1 克
【成品尺寸】珠径 1.3 厘米

【商品名称】清 黄色蜜蜡珠串
【商品产地】波罗的海
【蜜蜡品种】黄种
【成品重量】12.4 克
【成品尺寸】珠径 1.1 厘米

【商品名称】蜜蜡串饰
【商品产地】波罗的海
【蜜蜡品种】黄种
【成品重量】16.5 克
【成品尺寸】长 0.8 厘米~1.5 厘米

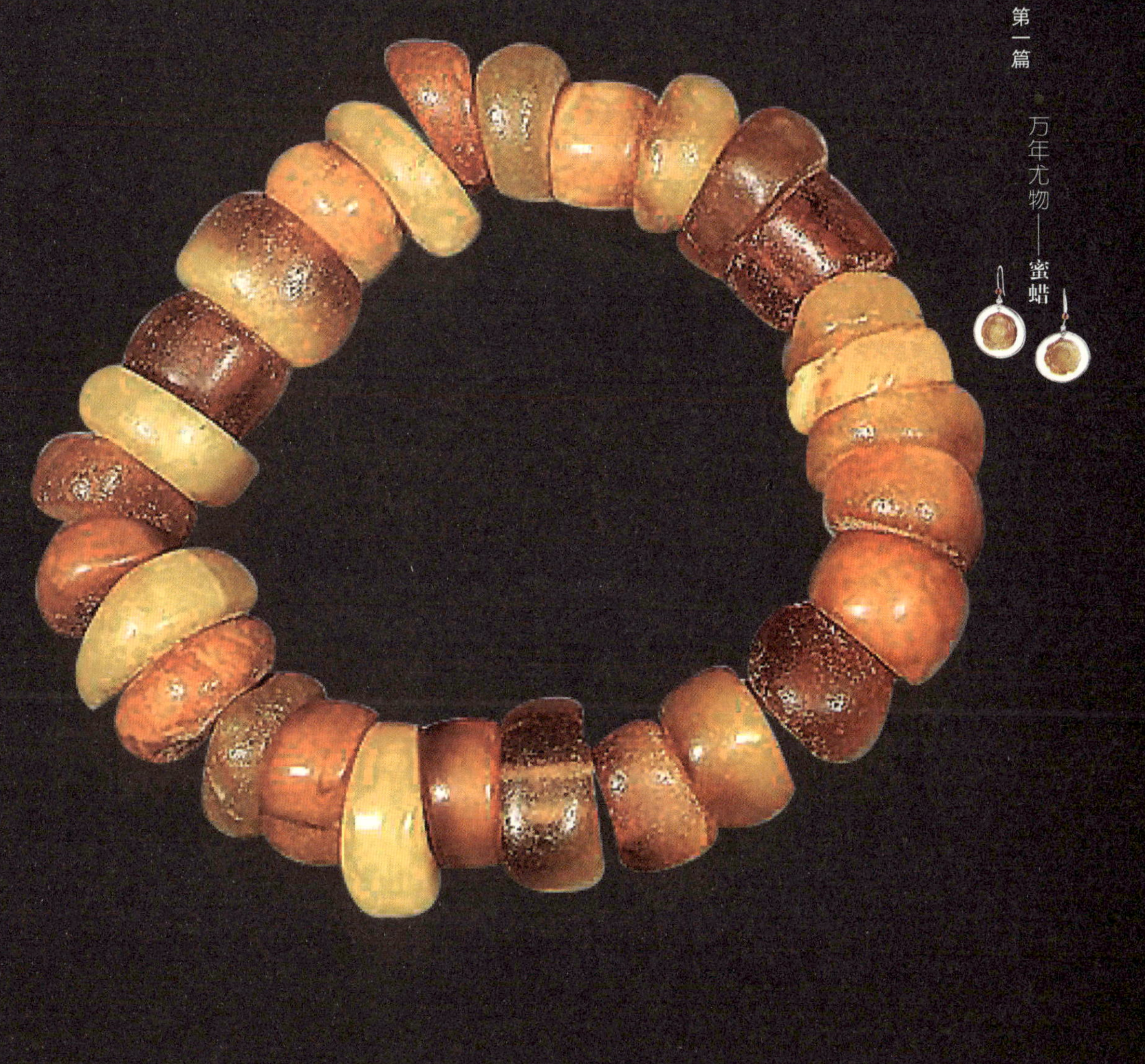

【商品名称】蜜蜡手串
【商品产地】波罗的海
【蜜蜡品种】黄种
【成品重量】10.4 克
【成品尺寸】珠径 1.2 厘米 ~1.8 厘米

【**商品名称**】蜜蜡手串

【**商品产地**】波罗的海

【**蜜蜡品种**】红种

【**成品重量**】9.54 克

【**成品尺寸**】珠径 1.2 厘米 ~1.8 厘米

【**商品名称**】清 蜜糖色蜜蜡珠串

【**商品产地**】波罗的海

【**蜜蜡品种**】黄种

【**成品重量**】8.7 克

【**成品尺寸**】珠径 1.5 厘米

【商品名称】朱砂红蜜蜡筒珠手串

【商品产地】波罗的海

【蜜蜡品种】红种

【成品重量】2.6 克

【成品尺寸】珠径 2.1 厘米

【商品名称】清 蜜蜡珠串
【商品产地】北欧
【蜜蜡品种】黄种
【成品重量】15.8 克
【成品尺寸】珠径 1.6 厘米

【商品名称】清 方形山楂红蜜蜡珠串

【商品产地】阿富汗

【蜜蜡品种】红种

【成品重量】14.6 克

【成品尺寸】珠径 1.8 厘米

【**商品名称**】清 蜜蜡珠串

【**商品产地**】波罗的海

【**蜜蜡品种**】黄种

【**成品重量**】10.6 克

【**成品尺寸**】珠径 1.2 厘米

【商品名称】清 黄色蜜蜡珠串
【商品产地】波罗的海
【蜜蜡品种】黄种
【成品重量】14.7 克
【成品尺寸】珠径 1.3 厘米 ~1.5 厘米

【商品名称】清 黄色蜜蜡珠串
【商品产地】波罗的海
【蜜蜡品种】黄种
【成品重量】11.7 克
【成品尺寸】珠径 1 厘米 ~1.1 厘米

【商品名称】清 蜜蜡手串
【商品产地】缅甸
【蜜蜡品种】红种
【成品重量】14.5 克
【成品尺寸】珠径 1.7 厘米

【商品名称】清 蜜蜡手串
【商品产地】波罗的海
【蜜蜡品种】黄种
【成品重量】13.2 克
【成品尺寸】珠径 1.5 厘米

项链与吊坠

【商品名称】蜜蜡项链

【商品产地】波罗的海

【蜜蜡品种】红种

【成品重量】6.4 克

【成品尺寸】尺寸不一，其中一颗珠子长约 3.18 厘米，宽约 2.55 厘米，厚约 1.52 厘米

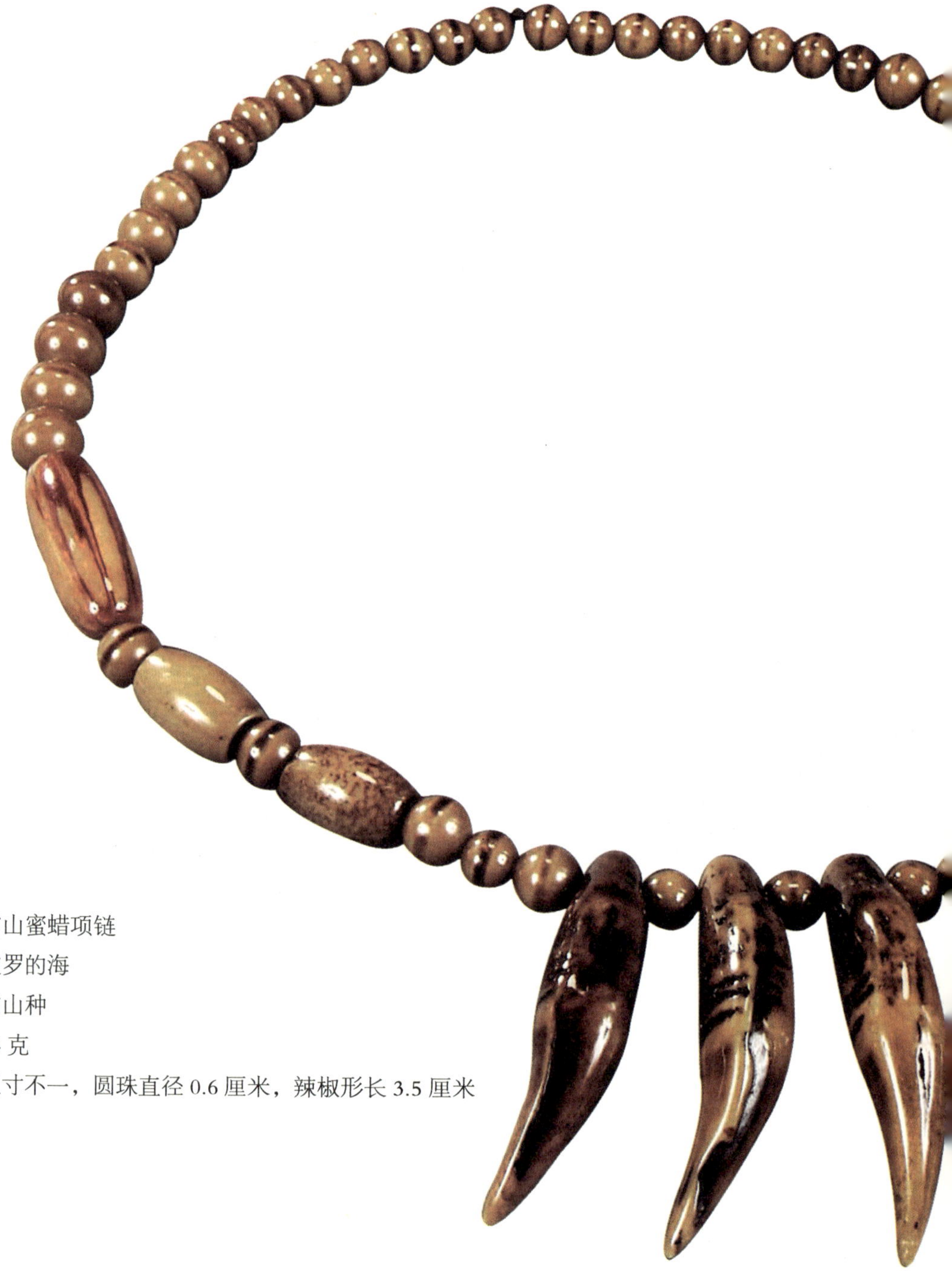

【商品名称】雪山蜜蜡项链
【商品产地】波罗的海
【蜜蜡品种】雪山种
【成品重量】64 克
【成品长度】尺寸不一，圆珠直径 0.6 厘米，辣椒形长 3.5 厘米

【商品名称】蜜蜡凤凰吊坠
【商品产地】中国
【蜜蜡品种】红种
【成品重量】3.6 克
【成品尺寸】2.5 厘米 ×2 厘米

【商品名称】蜜蜡平安扣吊坠

【商品产地】中国

【蜜蜡品种】红种

【成品重量】2.68 克

【成品尺寸】直径约为 2.2 厘米，厚度约为 0.8 厘米

【商品名称】蜜蜡如意福禄寿桃吊坠

【商品产地】波罗的海

【蜜蜡品种】雪山种

【成品重量】5.16 克

【成品尺寸】3 厘米 ×2.5 厘米

【商品名称】蜜蜡玫瑰花开吊坠
【商品产地】波罗的海
【蜜蜡品种】红种
【成品重量】3.39 克
【成品尺寸】2.1 厘米 ×2.1 厘米

【商品名称】清 蜜蜡项链
【商品产地】缅甸
【蜜蜡品种】红种
【成品重量】95 克
【成品尺寸】链长 29 厘米，最大的珠径 2.2 厘米

【商品名称】清 老蜜蜡项链
【商品产地】波罗的海
【蜜蜡品种】鸡油黄种
【成品重量】42 克
【成品尺寸】长 57 厘米， 珠径 2.3 厘米~2.7 厘米

【商品名称】银掐丝嵌蜜蜡项链

【商品产地】北欧

【蜜蜡品种】黄种

【成品重量】54 克

【成品尺寸】链长 44.5 厘米，吊坠是 3 厘米 ×2.5 厘米

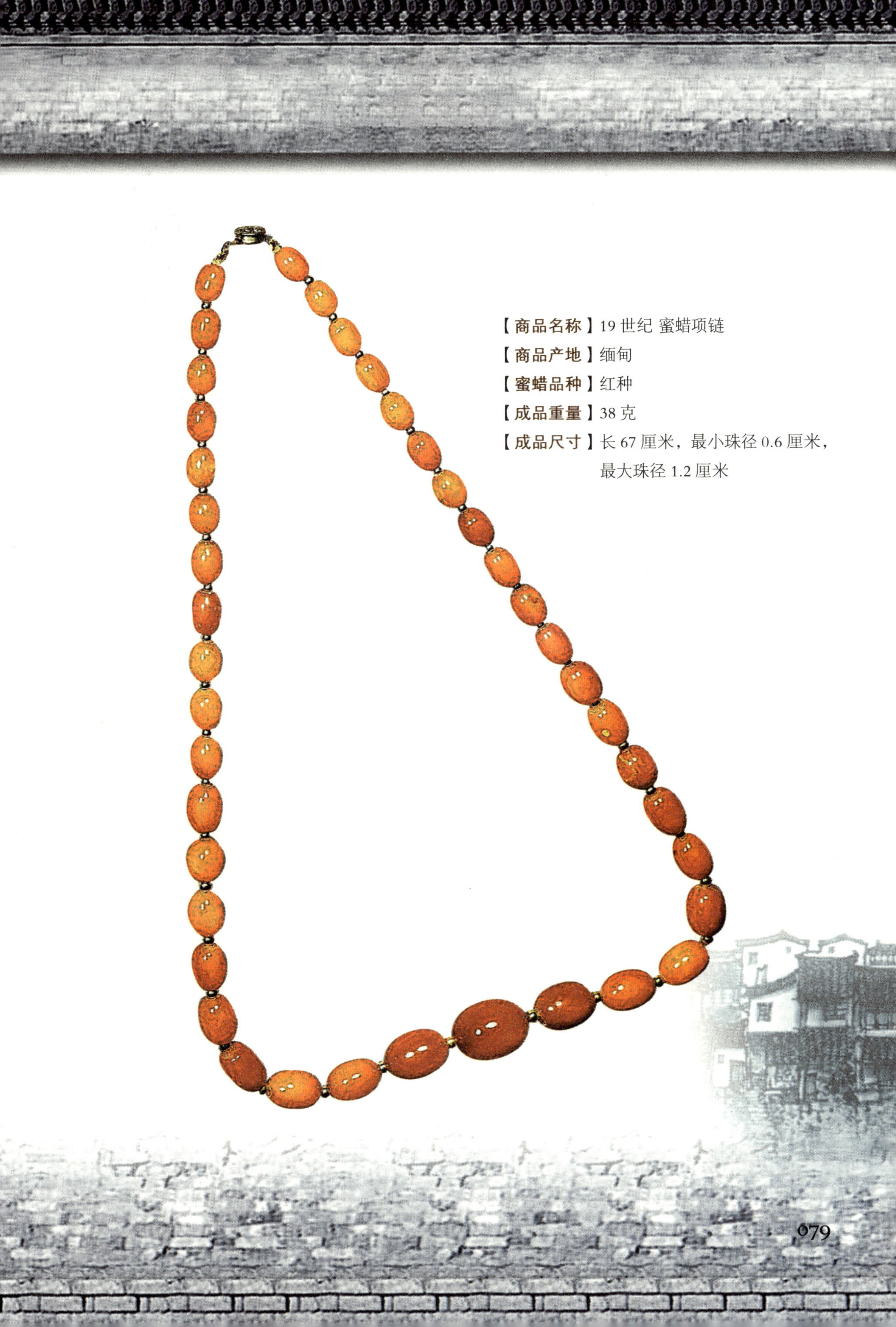

【商品名称】19 世纪 蜜蜡项链

【商品产地】缅甸

【蜜蜡品种】红种

【成品重量】38 克

【成品尺寸】长 67 厘米，最小珠径 0.6 厘米，最大珠径 1.2 厘米

【商品名称】蜜蜡百花争艳项链
【商品产地】波罗的海
【蜜蜡品种】黄种，红种
【成品重量】21.2 克
【成品尺寸】珠径各不相同

【商品名称】蜜蜡随形项链
【商品产地】欧洲
【蜜蜡品种】黄种
【成品重量】109 克
【成品尺寸】长 75 厘米，最大颗粒珠径 4 厘米

【商品名称】老蜜蜡项链
【商品产地】欧洲
【蜜蜡品种】黄种
【成品重量】76 克
【成品尺寸】项链长 59 厘米，最大珠径 3.4 厘米，最小珠径 1 厘米

蜜蜡挂件

【商品名称】蜜蜡平安扣
【商品产地】中国
【蜜蜡品种】黄种
【成品重量】2.83 克
【成品尺寸】直径约为 2.2 厘米，厚度约为 0.8 厘米

【商品名称】清 蜜蜡鹤鹿同春斋戒牌

【商品产地】波罗的海

【蜜蜡品种】红种

【成品重量】4.87 克

【成品尺寸】高 5.3 厘米

【商品名称】清 蜜蜡桃蝠纹佩
【商品产地】波罗的海
【蜜蜡品种】红种
【成品重量】6.25 克
【成品尺寸】高 6.7 厘米

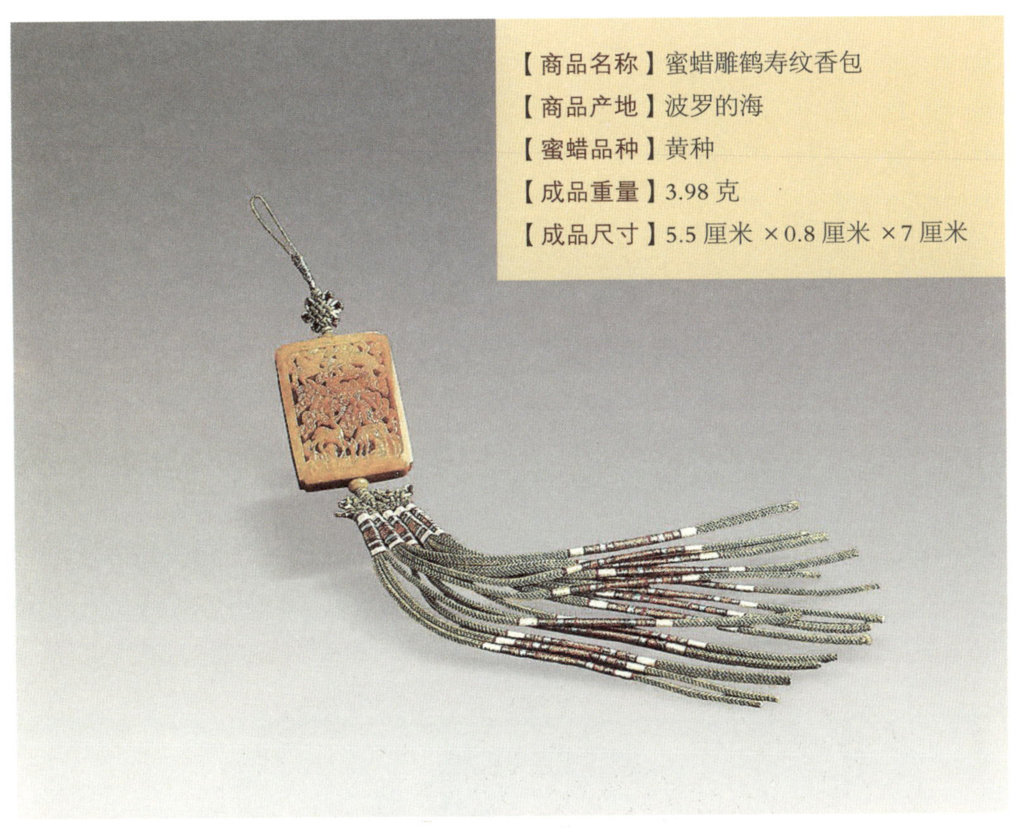

【商品名称】蜜蜡雕鹤寿纹香包
【商品产地】波罗的海
【蜜蜡品种】黄种
【成品重量】3.98 克
【成品尺寸】5.5 厘米 ×0.8 厘米 ×7 厘米

【商品名称】蜜蜡雕双凤寿字纹香包
【商品产地】波罗的海
【蜜蜡品种】黄种
【成品重量】4.32 克
【成品尺寸】高 8 厘米

【商品名称】明 蜜蜡雕玉兰花形挂件
【商品产地】波罗的海
【蜜蜡品种】红种
【成品重量】3.78 克
【成品尺寸】6.5 厘米 ×3 厘米

【商品名称】清中期 蜜蜡雕采藕图挂坠
【商品产地】北欧
【蜜蜡品种】红种
【成品重量】5.21 克
【成品尺寸】4 厘米 ×1.2 厘米 ×6 厘米

【商品名称】清 老蜜蜡珠饰
【商品产地】波罗的海
【蜜蜡品种】黄种
【成品重量】1.6 克
【成品尺寸】2 厘米 ×1.5 厘米

蜜蜡把件

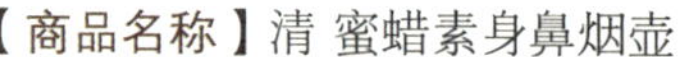

【商品名称】清 蜜蜡素身鼻烟壶
【商品产地】波罗的海
【蜜蜡品种】红种
【成品重量】10.3 克
【成品尺寸】高 6 厘米

【商品名称】18 世纪 蜜蜡鼻烟壶
【商品产地】波罗的海
【蜜蜡品种】雪山种
【成品重量】12.4 克
【成品尺寸】高 6.5 厘米

【商品名称】清 蜜蜡佛手鼻烟壶
【商品产地】波罗的海
【蜜蜡品种】黄种
【成品重量】11.3 克
【成品尺寸】高 6 厘米

【商品名称】蜜蜡渔翁把件
【商品产地】波罗的海
【蜜蜡品种】雪山种
【成品重量】13.8 克
【成品尺寸】7.9 厘米 ×5.3 厘米

【商品名称】清 蜜蜡扳指
【商品产地】波罗的海
【蜜蜡品种】黄种
【成品重量】6.5 克
【成品尺寸】3.4 厘米 ×2.8 厘米

【商品名称】清 蜜蜡鼻烟壶
【商品产地】波罗的海
【蜜蜡品种】雪山种
【成品重量】10.3 克
【成品尺寸】高 5 厘米

【商品名称】清 蜜蜡佛手鼻烟壶
【商品产地】波罗的海
【蜜蜡品种】红种
【成品重量】16.1 克
【成品尺寸】高 7 厘米

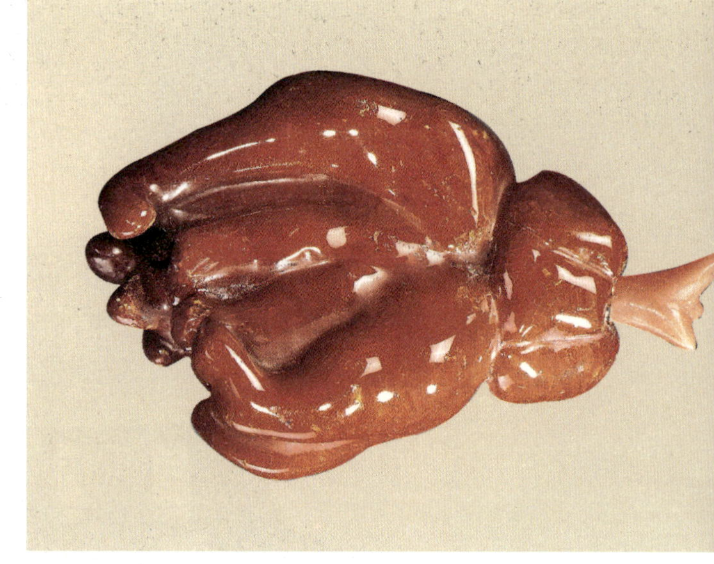

【商品名称】清 蜜蜡雕人物福寿纹鼻烟壶
【商品产地】波罗的海
【蜜蜡品种】黄种
【成品重量】15.7 克
【成品尺寸】高 7.5 厘米

第三章 蜜蜡的收藏

在选购或投资蜜蜡时，应该知道它们的主要产地。

蜜蜡有五大产区。产于西西里岛的称为 simetite（席米琥珀），产于罗马尼亚的叫作 rumanite，这两个产区的蜜蜡颜色较深且数量稀少，含硫化物较多，存世量最少。波罗的海产区的产量较丰，以质地清纯透明者为珍贵。亚洲产区以缅甸为主，称为 burmite，其中以蜜蜡为多，含方解石。美洲的主要产区是多米尼加。其他产地为摩洛哥和南非，至于俄罗斯、日本、加拿大、韩国和西班牙等地，以产近期天然树脂为主。

蜜蜡硕果累累项链

蜜蜡手串

我们购买蜜蜡手串或颈串，应该特别留意各个珠子的品种、质地、色调、型号等是否相同。质和色最重要，应该纯正、自然、温润、均匀，以浑然一体为最佳。

老蜜蜡不免有悠久岁月的留痕及风化纹，甚至孔口有少许缺损。由于这些珠子都是人工制成的，因此每颗的大小和形状难免有细微的差异，尤其是每个珠孔，并不像塑胶仿制品或合成品用机械倒模方法制成的那样，可以完全相同（近代塑胶仿制品也有大小不规则者）。

另外，还应注意有些老品种因为表面过度氧化，故商人将其重新打磨光亮，以便吸引买家。

一般的颈串，可用深褐色尼龙绳或咖啡色尼龙绳（要混有麻质者才结实）串连。若是透明度高的品种，应小心选择绳子的颜色，以免影响蜜蜡本身的色调和观感。

而真正的老蜜蜡存世不多，交易起来都不太方便，又没有国际社会的认可，特别区域化，因此从市场角度来看，其收藏价值大于市场买卖的价值。

高邕自用蜜蜡螭钮章

选购或投资蜜蜡时应以天然纯正、质地温润、非经人工染色、完好没有裂纹者为佳。顶级的蜜蜡外部脂光润亮，内部精光与宝光内敛；有绢丝、云纹、虎纹、风化纹及冰裂纹；孔道氧化，内芯洒金或爆花；具二向或二向以上色性；色彩柔润、鲜艳而不失古朴感，隐约呈现油润灵活的光泽；光影闪耀，似有若无，或出现山川人物等，境界灵奇。

清 蜜蜡石榴纹花牌

蜜蜡会变成琥珀吗

在市场上，经常会听到这样一种说法："蜜蜡戴久了会因为人体温的关系导致琥珀酸慢慢减少，最终变成透明的琥珀。"那么这种说法正确吗？

确切的说法应当是：蜜蜡长期贴身佩戴，会有一定的变化，光泽越来越鲜亮、温润，外层渐生包浆和深色的氧化层。但是，蜜蜡绝不会变成透明的琥珀。

所谓蜜蜡可以转化成琥珀，按照让－布吕埃勒·安东博士的说法，这些都是某些生意人的忽悠之词。因为琥珀的种类很多，有一种看上去内部杂质很多、黄中有白的品种，严格地说叫"骨珀"，它的颜色看上去很像骨头。其实，这类琥珀是很低级的，甚至不能称为首饰级的东西，商人利用人们喜爱蜜蜡的心理，推销劣质产品，就说骨珀是蜜蜡，但这种东西佩戴几个月后就会渐渐通透起来。不良商贩担心买家找上门，于是编了这么个说法，就是所谓的"蜜蜡戴久了就成了琥珀"。

蜜蜡的保养

一件精致的蜜蜡艺术品，往往令人爱不释手。但如果存放不当或是疏于保养，就很可能给其带来伤害，致使价值大跌，甚至报废，岂不令人惋惜？所以喜欢佩戴蜜蜡的人不能对蜜蜡保养掉以轻心，应该了解一些蜜蜡的保养常识。

（1）蜜蜡易脱水，应避免使其过于干燥而产生裂纹，不宜放入化妆柜中。佩戴把玩是最好的养护方法，长期佩戴蜜蜡，人体油脂可以让蜜蜡表面形成一层鲜亮的包浆，越戴越光亮。

蜜蜡十八子念珠

清中期 蜜蜡朝珠串

（2）蜜蜡净化。“净化”这个词在拉丁语中和“消磁”近似，所以也叫作消磁，需要 1~3 个月净化一次。操作方法：先取出蜜蜡，然后按照每块蜜蜡 10 克御守盐、500 克水配置。如果是多块蜜蜡一起净化就增加御守盐的量，不增加水的量。把准备好的御守盐放在过滤工具里，之后把过滤工具浸入水中，等待 24 小时后将蜜蜡取出即可。

（3）不要戴着洗热水澡，否则蜜蜡会被腐蚀，失去原有的光泽。蜜蜡首饰一般害怕高温，不要靠近温度高的地方，或长期搁置于太阳下或暖炉边。

（4）不要用毛刷或牙刷等硬物清洗蜜蜡。专业上光法是用牙粉混合熔化后的蜡油，要趁混合物还有热度时来回摩擦上光。

清中期 蜜蜡雕高士长青摆件

长 4.5 厘米、宽 2.5 厘米、高 7 厘米的蜜蜡摆件，依颜色和质地的层次变化巧琢而成，正面刻松干，一只灵猴趴伏于山石顶端，爪攀松枝似欲跃起，山间怪石嶙峋，旁立仙鹤回首，松下高士躬身拄杖而行，一旁童子背负琵琶拱手相随。背面颜色鲜亮，作古梅一株，繁花绽放，梅影花香交错掩映，沁人心脾。全器雕刻技艺高超，集透雕、浮雕、阴刻等多种技法于一身，因材施艺，纹饰繁密而层次分明，形象鲜活灵动。底部为红彩书“T1041”，应为早期收藏家编号。

蜜蜡瓜蝶挂件

（5）蜜蜡质脆，硬度低，不宜受外力撞击，应避免摩擦、刻划，防止划伤、破碎。尽量不要磕碰摔打蜜蜡产品，与硬物的摩擦会使蜜蜡表面出现毛糙，产生细痕。尽量不与其他饰品如钻石等尖锐或较硬的首饰一起存放，最好用密封的包装盒单独收藏。

（6）不能接触腐蚀性化学品。蜜蜡怕强酸和强碱。蜜蜡属有机质，易溶于有机溶剂，尽量不要与酒精、汽油、煤油和含有酒精的指甲油、香水、发胶、杀虫剂等有机溶液接触。喷香水或发胶时请将蜜蜡首饰取下来。

（7）务必使用专用首饰清洁液进行清洁。不要接触或使用肥皂等清洁剂清洗，不要使用超声波首饰清洗机去清洗，以避免将蜜蜡洗碎。

蜜蜡的收藏价值

蜜蜡是沉睡在地下的万年尤物，它不仅毫无保留地将万年前的星象展现在了世人面前，还能够带给人健康、希望和幸福。蜜蜡的神秘和奇妙让越来越多的收藏家开始将目光放在了它的身上，与此同时，它的收藏价值也越来越被人们认可。

明清 蜜蜡荷塘花卉牌子

蜜蜡瓜棱串

科学价值

蜜蜡，曾被诗人称为时光的固化、瞬间的永恒。能获得如此美誉的原因是，蜜蜡具有很强的科学研究价值。蜜蜡就像一个古代生物的水晶棺，里面的生物就像童话《睡美人》中的公主一样在沉睡，仿佛随时可以醒来；蜜蜡又像一个非常神奇的魔镜，它将数百万年前的生物用立体的形态展示在我们面前，好像时光在倒转。

清 蜜蜡珠项链

因此，蜜蜡的科研价值主要体现在对史前古生物学的研究上，包括昆虫、植物生存的气候环境等。最早的昆虫化石发现于距今3亿多年的泥盆纪中期，但无论是泥盆纪还是古生代和中生代的陆地沉积中，我们所看到的昆虫化石都是在受到沉积物的压力和地球内部的温度后，残留的几丁质外壳。这些生物往往被挤压得只剩下一层薄薄的膜痕，远不如蜜蜡中那些昆虫和植物保存得那么完好。通过对蜜蜡中昆虫化石的研究，能够了解生存于远古不同时期的昆虫群落的面貌和当时的生存环境，研究昆虫群落的生活习性及不同的物种，了解其中哪些物种延续进化到现在，哪些物种早已灭绝等。

科学家们甚至通过研究蜜蜡中的气泡，进而发现当时地球上的氧气含量非常丰富，这也为证实恐龙等大型动物的存在提供了一定的依据。而现在，地球上的空气含氧量在过去的 8000 万年里，已经至少损失了三分之一。现代人类大量砍伐森林，显然加速了氧气的枯竭。

蜜蜡雕灵芝如意笔洗

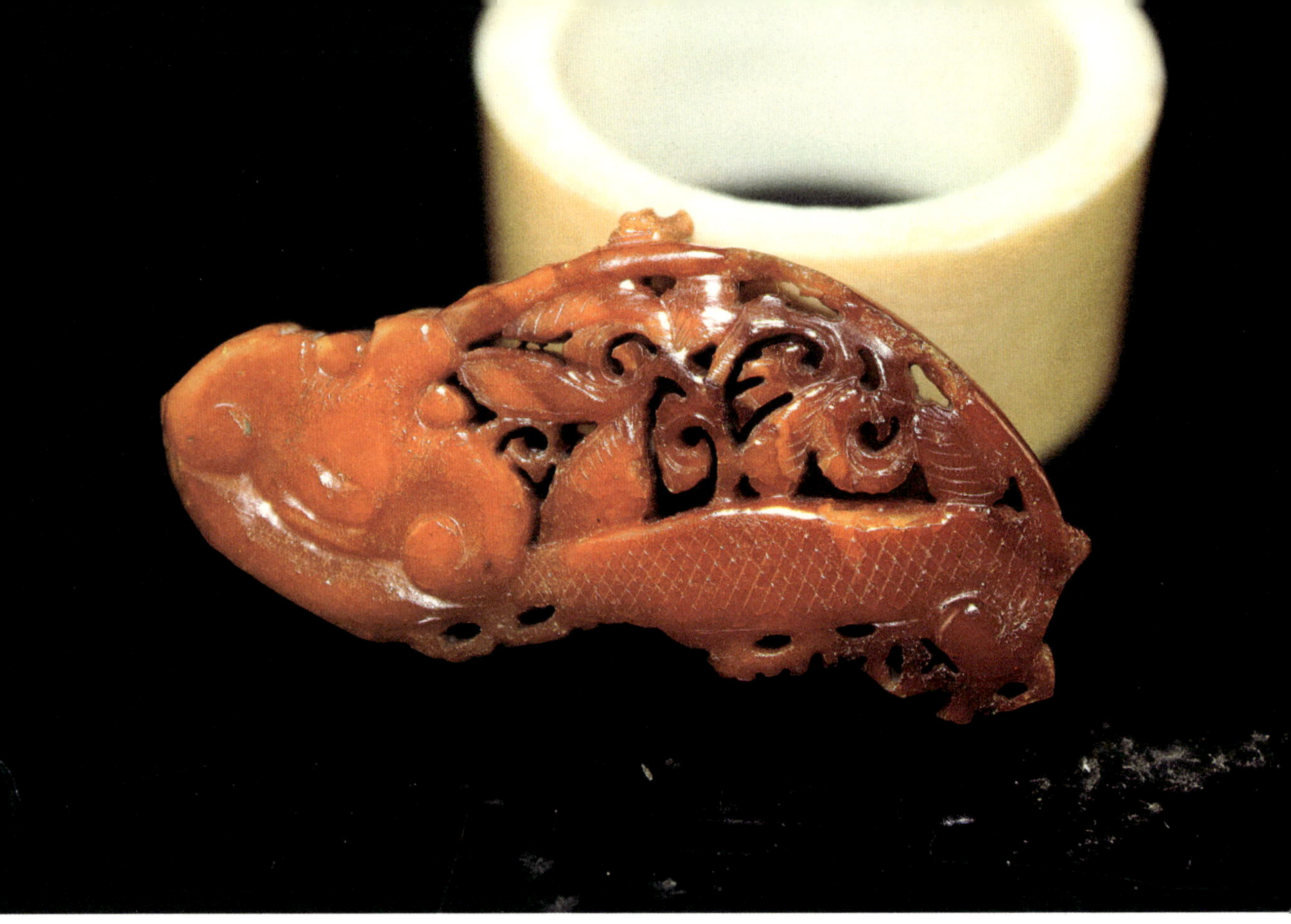

明清 蜜蜡如意宝牌子

另外，科学家通过研究，发现蜜蜡之间的生物组合有所变化，因此揭开了在上新世时期海岛生物灭绝事件的面纱。上新世末期，中美洲巴拿马地峡的封闭使南北美洲合为一体，结果造成整个地球海洋的环流发生变化，这种变化引起的冰川作用延续到更新世，让周围的海水温度平均下降了 4℃，而陆地温度下降了 5 ~ 6℃。热带海岛上的许多植物和动物在这个时期无法适应温度的下降，都灭绝了，从而引发整个海岛生物链的变动。在温度重新升高之后，又有新的热带生物占据了这些海岛，海岛上出现了许多新面孔并且重新热闹起来，仿佛什么事情也没有发生。但是，那些老面孔被蜜蜡记录了下来，科学家在上千万年之后从这些蛛丝马迹中，推算出了被热闹的面孔掩盖之后的曾经的大灭绝。

医学价值

关于蜜蜡医学的发源地，学者们众说纷纭。有的认为是古希腊，有的认为是古埃及。从法老的木乃伊皮下找到的蜜蜡块证明，古埃及人已经懂得使用蜜蜡来防止细菌侵袭法老遗体。从历史上看，最早关于蜜蜡药用性质的文字记载出自著名的古希腊"医学之父"希波克拉底的著作。

长期佩戴蜜蜡项链能够缓解头疼、咽喉疼、脖子疼等症状；而佩戴蜜蜡手链对风湿病和关节炎患者有益，还可以减轻疲倦和劳累。用大的蜜蜡块在身体上进行摩擦也可以起到一定的治疗作用。

蜜蜡红湘妃竹手杖

蜜蜡红湘妃坠折扇

中世纪时，可怕的瘟疫弥漫在欧洲的各个城市当中，给居民带来无尽的痛苦和灾难。人们将蜜蜡燃烧，散发出烟雾香薰，作为预防瘟疫的手段。就如马特哈尔屋斯·普拉耶托鲁斯记载："没有任何一名来自波兰格但斯克、克莱佩达、哥尼斯堡或是利耶帕亚的蜜蜡商人死于瘟疫。"这种蜜蜡熏蒸的方法至今仍然在芳香疗法中被使用。

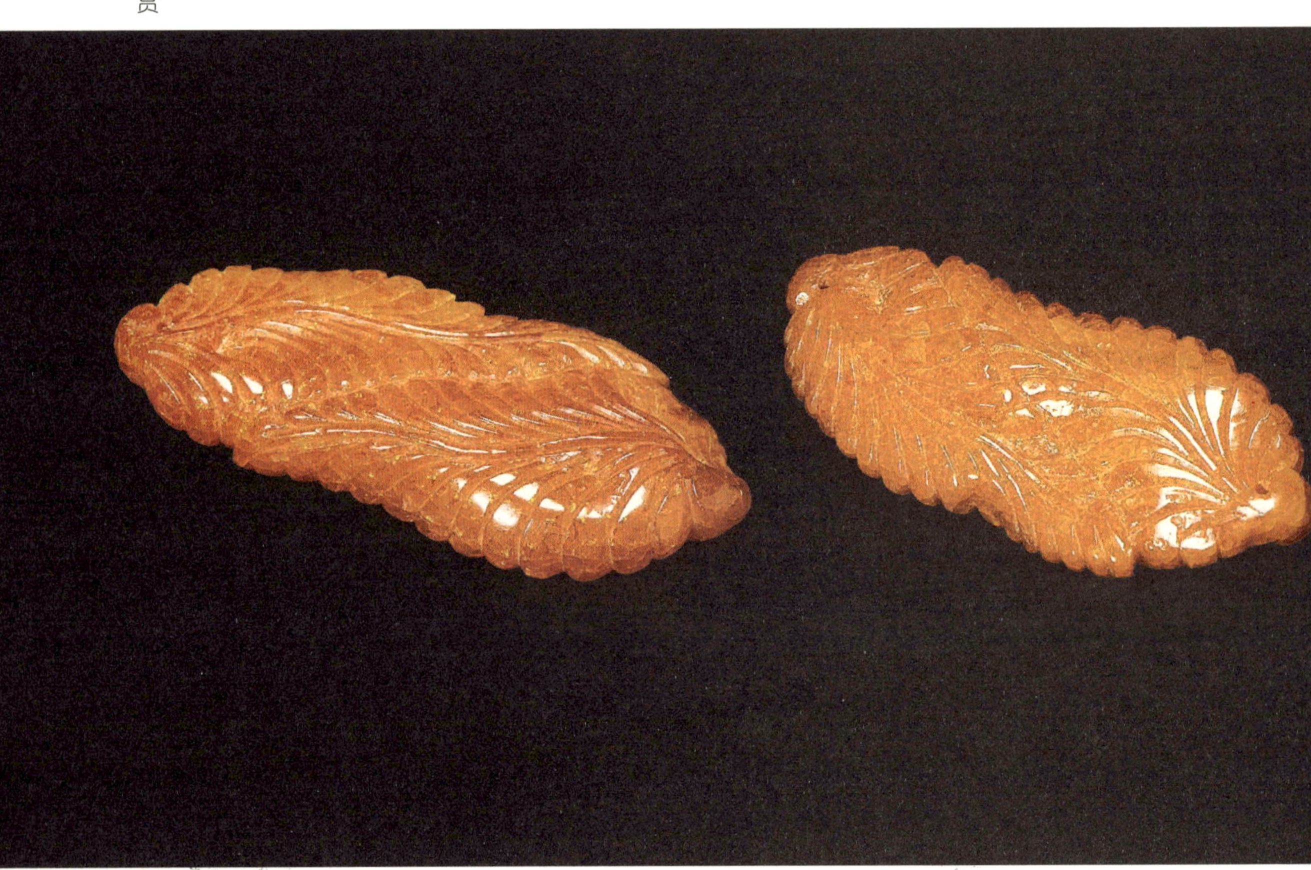

辽 蜜蜡雕双叶佩

玉佩以蜜蜡为材，红黄相间，手感轻飘，年代久远，密布开片，十分古朴。

蜜蜡项链

投资价值

珠宝之所以价格昂贵，首先是因为稀少。比如，珍珠的价值就在于它来自深海，采集较为困难，但是，随着科学的进步，现在人类已经可以自己养殖珍珠，因此，珍珠的价值就大打折扣了。而来自地层深处的蜜蜡是经过数百万年的地质作用才从树脂转化成的，不能用人为方式来种植或养殖，因此蜜蜡就显得更加珍贵。波罗的海地区的蜜蜡，由于人类长期开采，到 18 世纪中叶已经枯竭。目前，俄罗斯的加里宁格勒州还有大量蜜蜡存在，按照目前的开采速度，至少还可以开采 300 年。

据《北京周刊》报道，在北方地区，人们现在越来越喜欢收藏蜜蜡产品，这给本来就不断上涨的蜜蜡价格又增加了上升的空间。目前，国内优质蜜蜡产品的零售价已经比三年前上涨了近一倍，而且每年还会有 30％～50％的上涨空间。报道还提到，蜜蜡在广东也颇受欢迎，价格高于一般品种 2～3 倍。

蜜蜡手镯

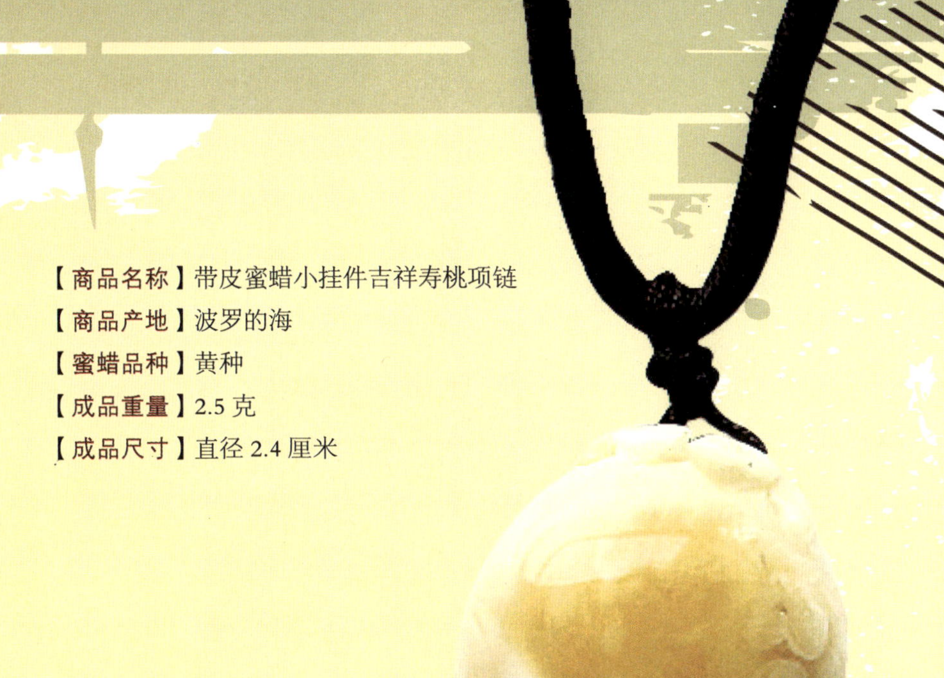

【商品名称】带皮蜜蜡小挂件吉祥寿桃项链
【商品产地】波罗的海
【蜜蜡品种】黄种
【成品重量】2.5 克
【成品尺寸】直径 2.4 厘米

蜜蜡的投资前景

近年来，蜜蜡市场越发活跃——蜜蜡这三年的售价连翻三番，高档蜜蜡的价格也是直逼钻石。一串蜜蜡珠子大概六七十克，身价却动辄数千元。目前蜜蜡资源日趋紧张，特别是名种蜜蜡矿藏已近乎枯竭，所留成品也大多成为藏家的囊中之物，不再面市。资深藏家潘先生介绍说："一般来说，蜜蜡是黄色且不透明或半透明的物质，但琥珀是透明的。古玩收藏都很讲究旧东西，上等的蜜蜡一般都是老货。"

蜜蜡双鱼吊坠

市场上能见到的蜜蜡有这么几种：多米尼加蜜蜡、雪山蜜蜡（产于中东和非洲，并不是产在雪山上）、水蜡（比较透明的一种蜜蜡）、丝蜡（内部有丝状条纹）、波罗的海蜜蜡（呈奶黄色和金黄色，或介于二者之间的半透明状）。

价格最高的是多米尼加蜜蜡，其次是雪山蜜蜡和水蜡，它们的价格不相上下，谁年代久远谁就珍贵些；再次是丝蜡和波罗的海蜜蜡，它们价格也相差不多。

前几年蜜蜡市场的藏家还不是很多，但是由于好蜜蜡越来越稀有，近几年受到广大藏友的强烈追捧，价格一翻再翻。目前，一般市场上的蜜蜡饰品在几千元到几万元不等，而存世的极品蜜蜡并不多，因此蜜蜡的收藏和升值潜力巨大。我国香港等地的价格要比内地贵好几倍。一枚清朝的老蜜蜡吊坠，就曾在香港的拍卖中拍出 20 多万港元的价格。

世界上出产蜜蜡的地方很少，现存的蜜蜡中，丹麦出产的蜜蜡品质最好，颜色含蓄纯正，基本不透明。我国抚顺的煤矿里也出产了少量的蜜蜡和琥珀，国内市场常见的一些蜜蜡珠子很多都是抚顺出产的。在新疆和西藏的一些煤矿也有少量蜜蜡出产。藏传佛教的老蜜蜡佛珠就出自这些煤矿。

天然原皮蜜蜡挂件

蜜蜡手串

蜜蜡有新、老之分，专家建议普通爱好者可以更多地关注新蜜蜡，而专业藏家和投资者则应首选上乘的老蜜蜡。品相中等偏上的老蜜蜡的价值就不好估算了，其身价在每克350~800元不等，超出了黄金、铂金的价格，而且将来的涨幅空间也不可估量。选购老蜜蜡，不限形态，圆珠、桶子或饼子都有收藏价值。相对而言，饼子的性价比更高，适合普通玩家买来把玩收藏，体会老蜡之美；而圆珠和桶子则比较适合高端一些的玩家，因为其数量确实稀少，每收一块都能满足猎奇、“集邮”的心理。选老蜡，首先要看品相，虽然“毕竟是老东西，难免有些磕碰，有点儿历史的烙印”这句话有一定道理，但是有残、老磕、新磕、形状不规整的，如果性价比不是极高，不是特别对眼缘，建议回避，因为收上来容易，转出去就难了。其次看颜色和皮壳，换句话

清 蜜蜡斋戒牌

说，就是看年份。通常颜色发红，皮壳老结的年份更老，绝大多数藏友更喜欢那种很红的老蜡。最后，要注意是不是天然老蜜蜡，买的时候一定要用手打灯观察纹路。现在重熔再造的二代老蜡很是泛滥，是绝对的新人“杀手”。

蜜蜡手串

目前，国内的蜜蜡价格仍被低估，与亚洲其他地区价格相差很大。一串差不多品质的蜜蜡，在我国香港的价格是内地的 2~3 倍。但是，市场上的蜜蜡品种参差不齐，一般来说，价格在几百元的多是仿制品。此外，蜜蜡没有如翡翠、钻石那样的鉴定标准，这也致使大量假冒伪劣产品充斥市场，因此，投资蜜蜡需要丰富的专业知识和独到的眼光。

清 蜜蜡花片

第四章　蜜蜡的真假辨别

蜜蜡的优化处理

为了提高蜜蜡的质量和利用价值，催生了蜜蜡优化处理技术的发展，包括热处理、覆膜处理等，统称为优化处理。

热处理

热处理的目的是增加蜜蜡的透明度，隐藏其中的瑕疵，改变颜色以达到想要的颜色，或使颜色均匀，达到某种视觉效果，使其产生“太阳花”。热处理的过程是先将需优化的蜜蜡放入植物油中加热，加热后的蜜蜡会更加透明，而且其中的天然气泡会膨胀或者爆裂，形成不同形状的内部花纹，俗称“太阳花”。这些“花”不但不会影响蜜蜡的质量，反而增加了它的美感。

蜜蜡喜鹊登枝吊坠

花生形蜜蜡吊坠

覆膜处理

覆膜处理主要分为两种情况：一是在蜜蜡底部覆上色膜，以提高浅色蜜蜡中太阳花的立体感；另一种是在蜜蜡表面喷涂一种亮光漆，以冒充血珀、金珀等。

喷涂的颜色层和原来的蜜蜡之间无过渡色，而且覆膜蜜蜡表面的颜色层浅，只要留意是能够发现的。但是，也有许多蜜蜡表面覆的是一层无色透明的膜，目的是保护蜜蜡的表面，让其看起来更有光泽。鉴定证书上标有“表面覆无色透明膜”，就是指蜜蜡采用了这种处理工艺。

充填处理

天然蜜蜡中常留有大量孔洞，在加工成型后，有些孔洞会露于表面。为不影响美观，多数孔洞会用树脂一类的物质充填起来。

其鉴定特征为：这类充填物在放大镜下极易被发现，多下凹，并伴有充填过程中残留的气泡。

蜜蜡连年有鱼吊坠

蜜蜡如意佛手吊坠

压清处理

对不透明的蜜蜡材料进行加压和加温处理，使其内部气泡溢出，变得澄清透明，这种做法也属于优化。

压固蜜蜡

就压固蜜蜡来说，因为树脂凝固的时间不同，可能形成分层，带分层的蜜蜡被称为“分层蜜蜡”。每一层蜜蜡都有明显的分界线。这种蜜蜡最大的缺点就是脆性大，极易碎，难于雕刻。所以在加工之前，需要对其进行加温加压处理，使各分层界面之间重新熔接变牢固。

烤色处理

把天然蜜蜡或压制蜜蜡放进电烤箱设备加热烘烤，使蜜蜡表面氧化变黄，这种办法仍然属于优化。

蜜蜡田黄石古兽印章

蜜蜡的仿制品

喜欢老蜜蜡的人都会面临这样一个问题：如何避免买到假冒或残次的蜜蜡？这个问题很现实，市场上随处都可以见到仿冒的蜜蜡产品，稍不注意可能就会上当受骗，造成一定的经济损失。市场上不仅仅有假蜜蜡，而且其数目也非常庞大。之所以会有这种情况，与蜜蜡的珍贵性以及其具有的高价值分不开。那些不法商贩正是看中了仿制蜜蜡可以赚取高额利润，于是大肆制售假蜜蜡。

市场上常见的仿冒蜜蜡有两大类：一类是压制蜜蜡，另一类是合成蜜蜡。

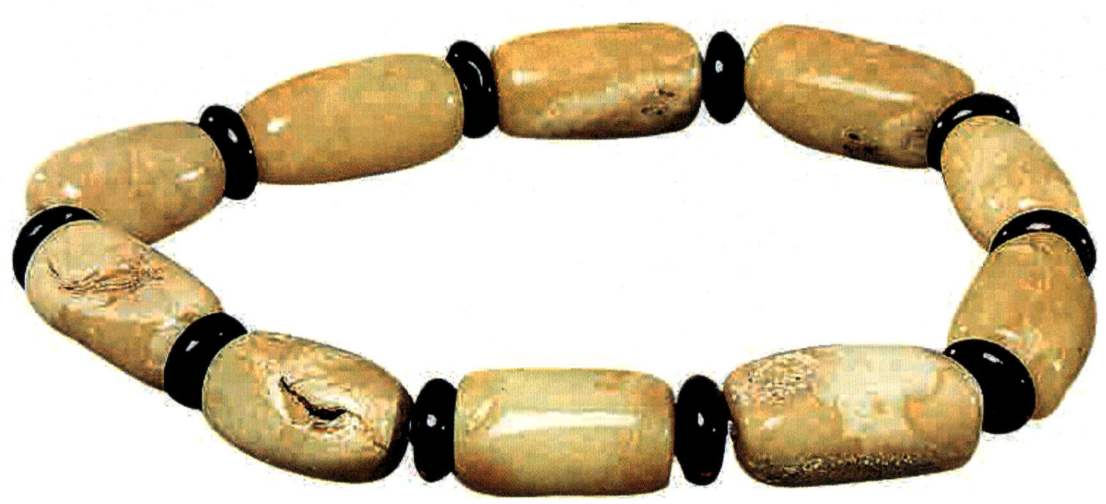

蜜蜡手串

清 蜜蜡随形大摆件

压制蜜蜡的原料一般是蜜蜡的边角料或蜜蜡粉末。将它们放在200℃真空高温中加热，待完全熔化后取出冷却，然后用机器压制成不同的大小和形状，就制成了压制蜜蜡。这类蜜蜡的品质无法与天然蜜蜡相比，而很多消费者往往会以天然蜜蜡的价格购买到这类压制蜜蜡，无形中利益受到损害。选购时要注意，必要时要拿到专业鉴定机构做鉴定。

在波兰，仿制品于20世纪40年代就出现了，到了60年代，人们开始大规模用聚酯树脂制造蜜蜡仿制品，这些仿制品呈金黄色且完全透明。后来，有人将蜜蜡碎片做成黏结蜜蜡，或生产聚乙烯仿制蜜蜡。这种仿制蜜蜡摸起来有蜡质感，闻起来有烧焦的石蜡味道。聚乙烯仿制品的密度与天然蜜蜡非常接近，在波兰，有人会在其中添加昆虫和贝壳冒充虫珀等出售。由于太阳花很受喜爱，近年来市场上又出现了再造蜜蜡的太阳花和用聚乙烯制作的太阳花。前者与天然蜜蜡很难区分，后者加热时会散发出聚乙烯特有的味道。

蜜蜡摆件

辽 蜜蜡迦楼罗神鸟吊坠

合成蜜蜡是用其他物质经过特殊的处理得来的蜜蜡，它是纯粹的假蜜蜡，里面不含有任何天然蜜蜡的成分。通过一些常规的鉴别方法，可以将它们分辨出来。

在俄罗斯，这样的仿制品很多，包括塑料仿制品、硬化天然树脂仿制品、新西兰的杉木树脂与一些更硬的树脂化石结合制成的仿制品、柯巴脂和酸性水或中性物质混合后在密封高压炉里加热而制成的仿制品等。为了让颜色更加统一，俄罗斯的好多蜜蜡原料都经过了再造处理。在压制过程中添加着色剂和各种充填剂，以便得到各种各样的颜色。还有用聚乙烯和研磨得很细的蜜蜡粉末混合在一起制作的蜜蜡仿制品。

我国市场上的蜜蜡仿制品目前主要有硬树脂、松香、柯巴脂、塑料、玻璃、玉髓（石英的变种）。其中树脂指的是现代未经石化也未入过土的各种天然树脂，如松香、桦树树脂、新西兰特有的高利树脂等。

蜜蜡弥勒像

清 蜜蜡瑞兽佩

消费者只需掌握一定的蜜蜡鉴别知识，就可以避免买到这类假冒的合成蜜蜡。而压制蜜蜡却是一种很难鉴别出来的仿制品，它的成分与天然蜜蜡无异，从一定程度上来说，它是真蜜蜡，但不是天然的蜜蜡，是经过人工处理后得到的。这类压制蜜蜡与天然蜜蜡有着极大的相似性，常规鉴别方法无法将其分辨出来，消费者购买到的蜜蜡仿制品大多数是这一类，因此要特别注意。

蜜蜡的真假鉴别技法

蜜蜡是史前松树脂的化石，形成于 4000 万年至 6000 万年前。蜜蜡主要含碳、氢、氧等化学元素，硬度为 2~3，比重为 1.05~1.10，熔点为 150~180℃，燃点为 250~375℃。蜜蜡是很“涩”的物质，没有两块蜜蜡是完全相同的，用科学仪器可鉴定出其成分及结构。鉴定蜜蜡一般根据其比重和硬度，此外，折射率也十分特殊。

蜜蜡项链

明 蜜蜡整雕寿星

银蜜蜡项链

在实际收藏鉴赏中，玩家总结了 11 种鉴别方法让消费者明辨真伪：

手感

蜜蜡属中性有机宝石，质地温润，冬日戴不会太凉，夏日戴不会很热。而玻璃或是玉髓仿制品会有冰冰的感觉，而且感觉很沉。

明 蜜蜡螭纹花牌

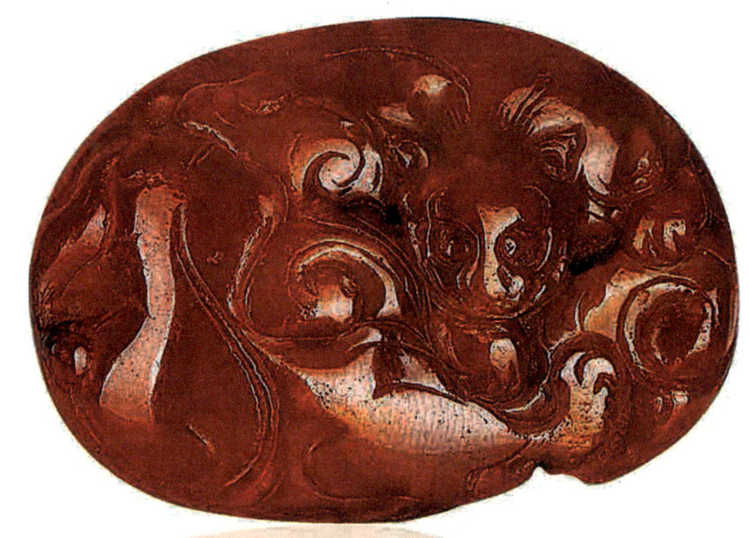

清 蜜蜡刻龙纹牌

香味

蜜蜡在摩擦时只有一点儿味道或干脆闻不出，但带皮的蜜蜡摩擦时会产生香味，还有香珀摩擦会产生香味。蜜蜡只有燃烧时才会散发出松香味（友情提醒：地摊上不摩擦就有香味的蜜蜡不建议购买）。

气泡

蜜蜡中的气泡多为圆形，压制蜜蜡中的气泡多为长扁形。

鳞片

看鳞片是辨认镶嵌蜜蜡的最主要的方法。爆花蜜蜡中一般会有漂亮的荷叶鳞片，从不同角度看它都有不同的感觉。假蜜蜡透明度一般不高，不同角度观察都是差不多的景象，缺少蜜蜡的灵气。假蜜蜡中的鳞片和花纹多为注入，所以大多一样，市面最常见的是红鳞片。

声音测试

无镶嵌的蜜蜡珠子放在手中轻轻揉动，会发出很柔和且略带沉闷的声响；用塑料或树脂仿制的蜜蜡珠子声音则比较清脆。

刀削针挑试验

蜜蜡在裁纸刀的削刻下会变成粉末状，树脂会成块脱落，塑料会成卷片，玻璃则削不动。用硬针在与水平线呈 20°~30° 角的地方刺蜜蜡，会有爆碎的感觉和十分细小的粉渣。如果是硬度不同的塑料或别的物质，要么扎不动，要么有很黏的感觉，甚至能扎进去（友情提醒：此试验会对你的首饰带来损伤，切掉的地方只能找专业人员修补，最好是不做或少做，以免对蜜蜡造成损坏）。

清 蜜蜡手镯

巴林蜜蜡黄石雕 薄意仙人图随形章

紫外线照射

将蜜蜡放到验钞机下，它上面会有淡绿、绿、蓝、白等荧光色。而塑料仿制品不会变色。

盐水测试法

蜜蜡密度为 1.05 克 / 厘米 ^{3}~1.10 克 / 厘米 ^{3}，在 1 ：4（盐：水）的饱和盐水中，蜜蜡、轻质塑料和树脂均可浮起来，普通塑料、玻璃、亚克力和电木下沉（友情提醒：此法限裸珀，盐水浓度不够，重量级、体内有大量杂质的蜜蜡也会下沉）。

洗指甲油的药水

用棉签擦点儿药水反复擦拭蜜蜡表面，蜜蜡没有明显的变化，塑料制品也没变化，但是树脂和柯巴脂因为没有石化会被腐蚀而变黏；将松香放入药水中浸泡，它会慢慢溶解（友情提醒：有的蜜蜡外层有上光物质，在药水擦拭下会变成白斑，但这层白斑可用指甲壳刮去，露出蜜蜡表面，将药水擦拭在它上面不会再有任何变化；药水对蜜蜡仍会有 18%~20% 的溶解度，泡久了表面可能会变得不光亮）。

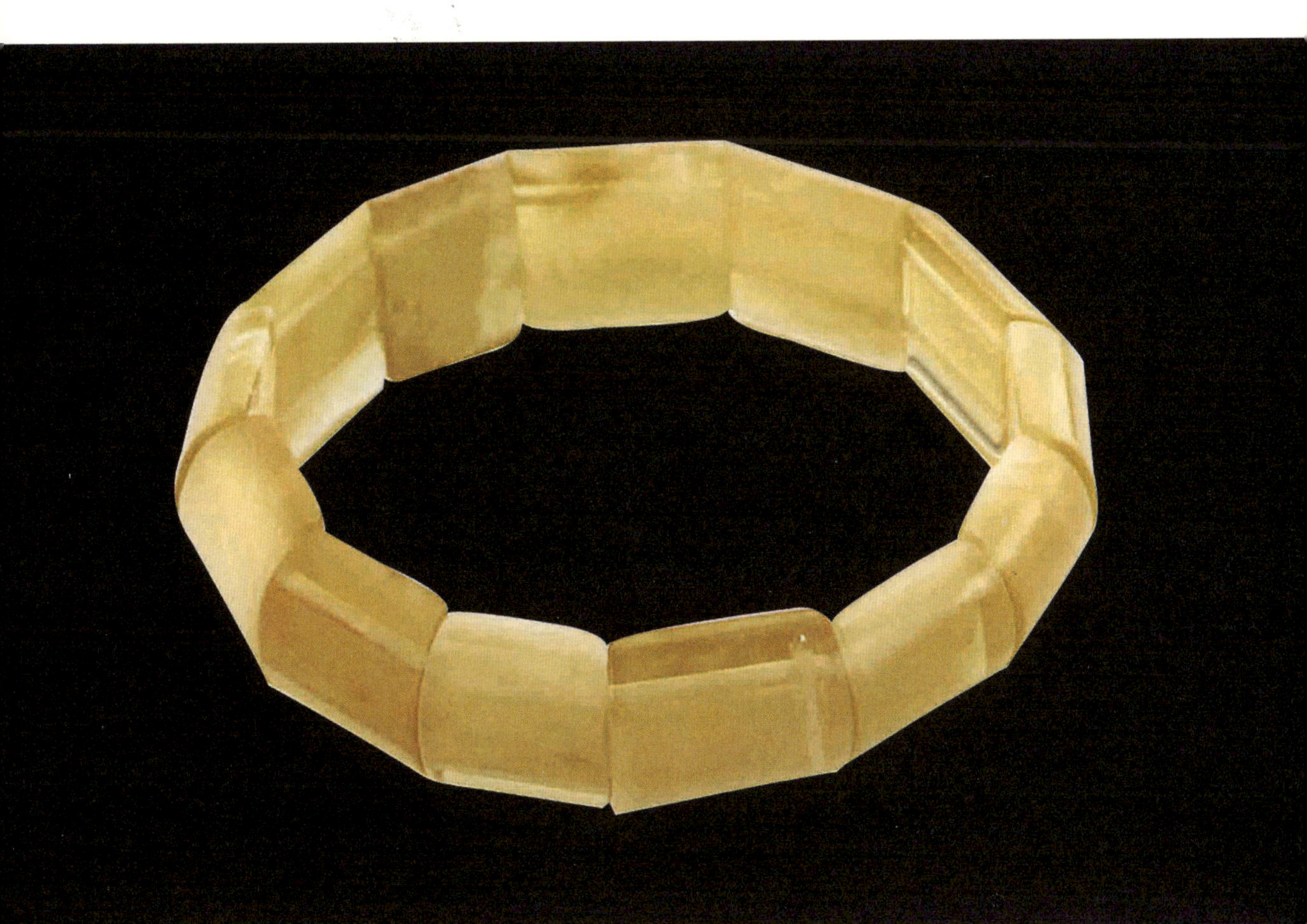

蜜蜡手链

天然金绞蜜富贵福禄吊坠

热试验

将针烧红，刺蜜蜡的不明显处，有淡淡的松香味道，电木、塑料则会发出辛辣的臭味并黏住针头（友情提醒：太热会使蜜蜡表面留下黑点，影响美观）。

花钱做鉴定

拿到专业的珠宝鉴定中心去测折射率、密度等。

波罗的海金绞蜜弥勒佛吊坠

但最可靠的鉴别方法还是亲自去地质部门进行检测，不存在“不能进行检测”的说法——即使近几年出现的所谓“中东蜜蜡”还不够火热，没有引起检测部门的重视，但至少会告知买者中东蜜蜡的实际成分。最佳的辨别方法：眼观、紫外线照射、手感、盐水测试法，其他办法就算测出蜜蜡的真伪，或多或少都会对蜜蜡造成一定伤害，以上鉴别方法最好别单独使用，应利用多种测试方法层层筛选，去伪存真！

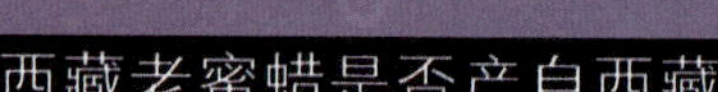

西藏老蜜蜡是否产自西藏

蜜蜡在藏传佛教地区尤其受到重视，僧人们常用它做念珠和护身符。传说西藏多蜜蜡，其实不然，原先蜜蜡只产于缅甸、印度、朝鲜等地。清定国教为密宗，朝廷从国外进口许多蜜蜡、珊瑚以供养西藏的喇嘛，所以，在西藏有这些东西流传。

需要提醒大家的是，旅游时千万不要从西藏买这些所谓的“宝贝”，因为大多都是假的，真品价格炒得很高，或根本就不肯出手。应当记住这样一句收藏圈中的老话：“漏不是那么好捡的！”

第二篇

千年灵物——珊瑚

第五章 珊瑚的概述

珊瑚的传说

珊瑚是全世界人民的珍宝，有着独特的魅力和美感，被人誉为千年灵物。珊瑚是来自海洋的瑰宝，与珍珠、琥珀一样，都属于有机宝石，现今也是人们追捧的宠儿。

自古以来，人们认为珊瑚是有灵性的，因此珊瑚也被视作佛教的七宝之一，与宗教、权势有着密不可分的联系。关于珊瑚的传说有很多，在希腊神话里，就有一个关于珊瑚的故事：有个叫珀尔修斯的英雄和蛇发女妖美杜莎战斗，经过几天的打斗，珀尔修斯最终战胜了女妖。女妖在临死前用自己的鲜血染红了珀尔修斯身上的花饰，花饰掉落在地上，变成了红色的宝石——珊瑚。

珊瑚文化在中国被推向了极致。

清 红珊瑚天女散花摆件

清 珊瑚金钱龟摆件

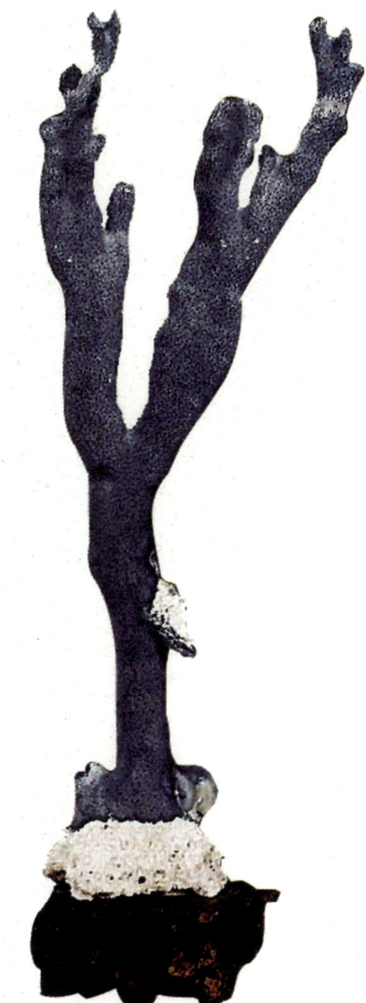

天然蓝珊瑚摆件

《汉武故事》有云："前庭植玉树。植玉树之法，葺珊瑚为枝，以碧玉为叶，花子或青或赤，悉以珠玉为之。"三国时曹植诗曰："明珠交玉体，珊瑚间木难。"想来当时人们都视珊瑚为植物，并认为值得以明珠和美玉来陪衬它。

晋人葛洪描绘得更具体，他在《西京杂记》中记录："（汉）积草池中有珊瑚树，高一丈二尺，一本三柯，上有四百六十二条。是南越王赵佗所献，号为烽火树。"《格古要论》云："珊瑚生大海中山阳处水底。"这说明我国古代对珊瑚的产出条件及特征已经有所认识了。珊瑚生活在深海，古人借助铁网打捞，以致外观残损普遍，完整者少，因此《财货源流》中言："（珊瑚）大抵以树高而枝柯多者胜。"

唐朝经济发达，社会繁荣昌盛，当时的女子注重妆容，大多喜欢束高高的发髻，然后配以珊瑚步摇、发钗等以显风情万种。

宋朝，珊瑚主要是用于摆设，体型大而完整的珊瑚通常被摆在厅堂之上；损坏严重的或是质量较次者，就会被制成小件的饰品，用来装饰个人或当作小的摆件来衬托厅堂的雅致。

明朝，皇宫内开设专门收藏金珠、玉带、珊瑚、宝石等的仓库。文华殿便是明代的皇家珠宝库。

清朝，对珊瑚则有了明确的规定。皇帝祭祀当日必须要挂珊瑚朝珠；后妃们的领饰、朝珠及冬朝冠上必须要有珊瑚饰品。珊瑚或制成圆珠串，或保持原形做成坠子。

红珊瑚二乔立像

珊瑚石黄水晶镶钻耳环

就珊瑚本身而言，佩戴它对人体有很多好处。人们始终认为珊瑚具有多种功能。古罗马人常给自家小孩子脖子上挂些珊瑚枝，他们深信珊瑚有驱逐病魔的能力，能保佑孩子健康和安全。传说珊瑚饰品还可以治疗不孕的妇女。意大利人佩戴红珊瑚饰品，以此治疗牙床不稳。古代高卢将士用红珊瑚装饰自己的盔甲、战袍和武器，以祈求好运相随，战神庇护。波利尼西亚人把珊瑚磨成粉末用来止血、消炎。长期航海的人和水手认为佩戴珊瑚饰品能够得到海神的庇护，保佑平安，还能够避免晕船。中世纪的人则将珊瑚粉和珍珠粉混合，用在医疗上。我国藏族一直视红珊瑚为如来佛的化身，寺庙佛像往往用大量红珊瑚来装饰。

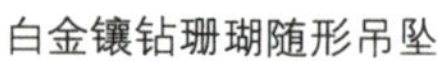
白金镶钻珊瑚随形吊坠

血红珊瑚钻石 18K 金胸花兼吊坠

珊瑚有魔力的说法自古就有，相传 16 世纪时此说法得到了证实。在德国，有一位名叫约翰·威第克的医生证实，红珊瑚能预测其主人的健康状况。约翰有一位特别喜欢戴红珊瑚项链的病人，约翰每次给这位病人检查身体的时候，都会仔细观察他的珊瑚项链。他发现当病人病情加重时，珊瑚颜色也会变深。有一天，珊瑚项链的表面布满了黑色的斑点，这位病人也去世了。

在非洲大陆，只有酋长才能佩戴珊瑚饰品，而且还有专人看管酋长的珊瑚饰品，并制定了很多的规定：如果珊瑚饰品丢失或是被破坏，相关人员及其家属一律杀无赦。

在人们眼里，珊瑚有太多的故事和秘密。《财货源流》称：“珊瑚贯中而生，有枝无叶。”唐朝韦应物《咏珊瑚》中吟曰：“绛树无花叶，非石亦非琼。世人何处得？蓬莱石上生。”古人一直认为珊瑚是仙人居住的仙山玉树，其实现在我们都知道珊瑚究竟是怎么来的，这也要感谢大自然给予我们的馈赠。

珊瑚的形成

珊瑚是珊瑚虫分泌的产物。珊瑚虫属于腔肠动物门，其外形多种多样，有单体，有群体。珊瑚虫以有性繁殖和无性繁殖两种方式繁衍后代。有性繁殖产生的幼虫可以在海水中自由游泳，到成年期，便固定在海底岩石上或早期的珊瑚骨骼上，无性繁殖则采用出芽生殖的方式，一代一代的珊瑚虫生活在一起形成群体。珊瑚虫在生长过程中分泌钙质的骨骼，每个个体又以共同的骨骼相连，呈树枝状、扇状或块状等不同形态。绝大多数的珊瑚生活在热带或亚热带的浅海中，好比海水的过滤器，无数细小的珊瑚虫用它们的触手不停地“吞食”着海水中的各种微生物及浮游动植物，不但从海水中获取了营养，同时使海水过滤洁净。珊瑚虫的遗体和分泌物形成了珊瑚礁，但是这类珊瑚骨骼疏松，不能用作宝石材料。而能被当作宝石的红珊瑚生活在较深（100~300 米）的海床上，呈群体产出，但不形成珊瑚礁，这种珊瑚的骨骼致密坚硬。

红色珊瑚

清 珊瑚摆件

根据生长环境的不同，珊瑚分为浅海珊瑚和深海珊瑚。

浅海珊瑚

浅海珊瑚一般指的是造礁珊瑚，分布范围较广，在太平洋、印度洋、大西洋的浅海水域都分布着很多珊瑚礁石构成的小岛。珊瑚礁的功能很多，它可以缓解台风、风暴潮等天灾带来的海岸生态破坏；它还蕴藏着丰富的矿产资源——石油、煤炭、铝土矿、锰矿、磷矿、铜矿、铅矿、锌矿等；珊瑚礁灰岩还是制作石灰、水泥的良好原料。此外，由潮汐通道与外海沟通的环礁潟湖，可作为船舶的天然避风港。珊瑚礁灰岩覆盖的平顶海山，可作为水下实验的优良基地。因此，世界环保组织规定：禁止采伐浅海珊瑚礁石，保护生态环境。

不过，在市场上还是有人将整体造型保存完好的浅海珊瑚作为观赏石销售。

深海珊瑚

深海珊瑚生命力强，一般在 100 ~ 4000 米深的海中缓慢生长。深海珊瑚质地致密，密度较大，是用来雕刻各种艺术品和珠宝首饰的好材料。深海珊瑚中以红珊瑚最为珍贵，所以红珊瑚就成为贵珊瑚的代名词了。我们一般说的珊瑚成品，也大多指的是红珊瑚制品。

珊瑚生长在海中，外形呈树枝状和花朵状。珊瑚生长的条件极为苛刻，一般是在南北纬 30° 之间，热带温暖浅海或深海海域，水温在 23 ~ 30℃，氧气充足，饵料丰富，水质清透，盐度高，岩礁或硬质海底，低光照、静止而清澈的水域。在生长过程中，为了能捕捉更多的食物和阳光，除向上生长外，珊瑚还向前后、左右扩展，形成树枝状的生物群体，随意取下一束都是美丽动人、婀娜多姿的天然艺术品。

珊瑚雕梅花摆件

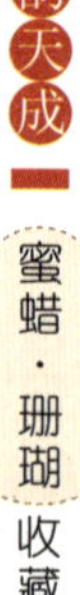

珊瑚的产地

目前，世界红珊瑚年产量为 100~400 吨，其中有 40% 来自意大利沙丁尼亚海域，被称为沙丁红珊瑚，另外 60% 来自中国台湾，被称为阿卡红珊瑚，年产量约为 200 吨。深海红珊瑚主要分布在三个地方：一个是太平洋西海岸的日本、琉球，中国台湾、南沙群岛等；一个是大西洋沿岸，主要包括爱尔兰南部、西班牙加纳利群岛、法国比斯开湾、葡萄牙的马德拉群岛；还有一个就是地中海的意大利、阿尔及利亚、突尼斯、西班牙、法国等国家。其中，阿尔及利亚、突尼斯及西班牙沿海是世界上最优质红珊瑚的产区；大西洋的地中海海域，如喀麦隆沿海盛产黑色和蓝色珊瑚；我国南海海域西沙群岛及台湾海域出产白珊瑚。上面我们说的三个地区都是火山活动频繁的地区。每一次海底火山爆发都会有大量的物质喷发到地上或海底，这些物质中含有大量的镁、铁、锰等元素，这就为红珊瑚提供了重要的“营养物质”。珊瑚虫骨骼在钙化和受压过程中，大量吸附镁、铁、锰等红色元素，最终经过大自然的洗礼，形成了名贵的红珊瑚。

清 红珊瑚朝珠 长 64 厘米

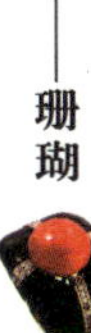

红珊瑚巧雕摆件 长 15.5 厘米

我国台湾海域和日本南部岛屿

我国台湾海域所产的红珊瑚，颜色为深红或桃红色，是时下最受欢迎的珊瑚品种。我国台湾所产的珊瑚表面光滑，瑕疵少，直径较小，但也有超过 10 厘米者。经过加工的珊瑚饰品，不仅有几百元的珊瑚手链，还有数百万元的巨型珊瑚雕刻摆件，价格差异很大。

一帆风顺珊瑚摆件

澎湖出产的珊瑚以桃色珊瑚最为名贵，色彩绚丽，光润坚硬，质地优良，在自然光下，色泽高雅迷人，是人们非常喜爱的装饰品。我国台湾及厦门附近海域有红珊瑚产出，色彩呈粉红色，肢体较小。

日本出产红珊瑚的地方主要分布在四国岛南侧、小笠原群岛、九州岛西侧等海域。红珊瑚群体一般呈扇形树枝状，基部直径 3 ~ 5 厘米，高 30 ~ 40 厘米，质量大多为 300 ~ 1000 克。我国台湾海域虽有手臂粗的珊瑚，但仅占产量的 0.1 %，而日本海域的红珊瑚二指粗的也已难得。宝石级珊瑚中产量最大的品种是桃红色、粉红色珊瑚，多生长在水深 200~800 米的海区，珊瑚枝高大，基部直径 5 ~ 15 厘米，群体高度达 0.5 ~ 1 米，质量可超过 40 千克。

珊瑚喜鹊闹春摆件

珊瑚爱神之箭吊坠

1980 年，中国台湾的一艘渔船在中途岛海域捞获一株净重 100 千克、高 1.5 米、主干粗 12 厘米的桃红色大珊瑚。同年，中国台湾澎湖望安乡的一位渔民在宜兰县龟山岛附近撒网作业时，竟捞获了一株包括底座的重 155 千克的桃红色巨型珊瑚，这株珊瑚估计已在海底生长了 20000 年。这两株珊瑚均比当今珍藏在日本皇宫的一株高约 1 米的珊瑚大，堪称“珊瑚王”，据说前者成交价高达 600 万新台币（约合 150 万元人民币）。

大西洋沿海和爱尔兰南部

该地区是红珊瑚、粉珊瑚、金珊瑚和黑珊瑚的产地，其中黑珊瑚较多。1987 年，黑珊瑚被定为夏威夷州的州石。

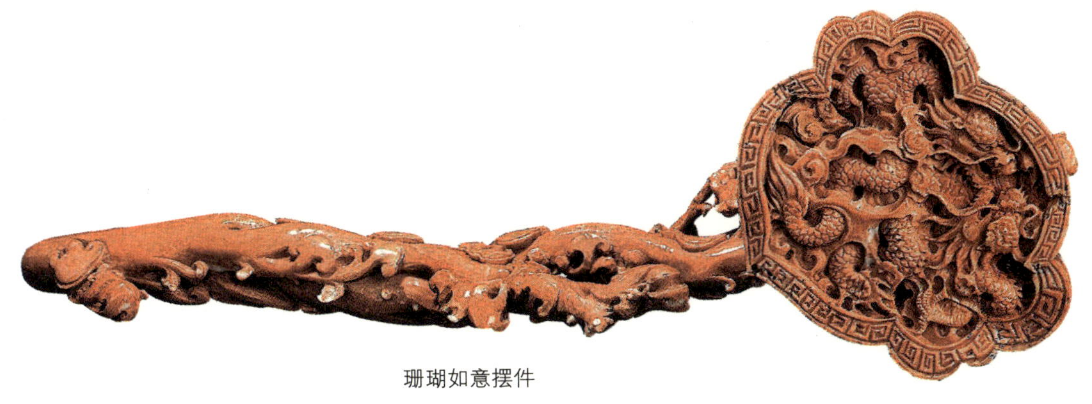

珊瑚如意摆件

红珊瑚吊坠

地中海海区

该区沿海的国家，如意大利、阿尔及利亚、法国、西班牙、突尼斯等是世界上红珊瑚的主要产地。其中，阿尔及利亚、西班牙及突尼斯沿海是世界上最优质红珊瑚的产区。

珊瑚的特性

珊瑚，是大海赐予我们的灵物，经过深海的洗礼，具有独特的自然纹理和奇特的造型，带给世界各地的人们无尽的神秘感和奇妙的想象空间。

独根材，圆雕。材质莹润，色泽红艳。循材形圆雕一大一小双乔，双乔丝丝盘发，五官标致清秀。小乔宽衫松裤，斜倚白玉灵石；大乔高腰束裙，绸带绕肩飘地，右手执枝，左手如意，亭亭玉立。刻工细致美观，人物身姿飘逸，线条自然有形。

民国 珊瑚双乔摆件

红珊瑚仕女弹琵琶立像

整料，圆雕。质地细腻，色鲜红。圆雕仕女琵琶立像，仕女束发高髻，五官秀气，双目微闭，着松衫宽裤，躬身抱琵琶弹奏，身后侧旁雕粗枝老树，树头云彩低盘，更有5只喜鹊或栖枝头，或翔云间，围绕仕女。刻工精致，线条飘逸。

珊瑚主要由隐晶质方解石组成，形态奇特，多呈树枝状、星状、蜂窝状等。质地细腻，不透明或微透明，玻璃光泽至蜡状光泽。横截面呈同心圆状构造。颜色有白色、红色、奶油色、深红色、浅粉色、橙色、金色和黑色，偶见紫色和蓝色。以红色为上品，红珊瑚像火一样艳丽，在古代被称为“火树”。无解理，参差状至裂片状断口。易被酸腐蚀。近火会变黑，加热产生蛋白味。红色、粉红色、橙红色珊瑚是宝石级的，价格昂贵，其次是黑珊瑚和金珊瑚。其他品种的珊瑚价格低廉。红色是由于珊瑚在生长过程中吸收海水中 1％左右的氧化铁而形成的，黑色是由于含有机质而形成的。

根据组成成分，珊瑚分为钙质型珊瑚、角质型珊瑚和石灰岩质珊瑚。

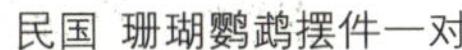

民国 珊瑚鹦鹉摆件一对

红珊瑚送子观音

钙质型珊瑚的主要成分为碳酸钙、有机成分、水。白珊瑚、红珊瑚为钙质型珊瑚，黑珊瑚和金珊瑚几乎全部由有机质组成，很少或不含碳酸钙。硬度3~4，折射率1.486 ~ 1.658，相对密度2.65克/厘米^3，性脆，易断裂。在长、短波紫外线下钙质型珊瑚无荧光或具微弱的白色荧光。钙质型珊瑚在纵切面上表现为颜色和透明度稍有变化的平行波状条纹。在珊瑚肢体上往往还有一些小的虫穴，这一特征也是珊瑚有别于其他宝石的特点。黑珊瑚和金珊瑚的横截面为同心环状结构，与树木年轮相似，纵面表层具有独特的小丘疹状外观，金珊瑚有独特的丝绢光泽。

角质型珊瑚的折射率是 1.56，相对密度是 1.30 克 / 厘米^3 ~ 1.50 克 / 厘米^3。石灰岩质珊瑚主要由碳酸盐类组成，折射率和密度与钙质型珊瑚相同。石灰岩质珊瑚石性大，听声脆响，光泽为玻璃光泽，外观呆板不温润。

珊瑚的品种

世界上的珊瑚有很多种，用作珠宝的珊瑚大多是红色、桃红色，少量为黑色、金色、蓝色和白色。以前人们认为，日本的“公牛血红珊瑚”是世界上最有价值的宝石珊瑚。

作为宝石的珊瑚在分类上也有不同的角度。单从生物学的角度讲，珊瑚的种类繁多，这里是不能用几句话就概括了的。我们从宝石学的角度讲，珊瑚分为造礁珊瑚和宝石珊瑚。而从珊瑚的颜色来看，珊瑚有红色、粉色、白色、蓝色、黑色、金色等多种颜色。根据产地可分为地中海珊瑚、日本珊瑚、喀麦隆珊瑚、中国海南珊瑚、中国台湾珊瑚等，相同品种的珊瑚质量与产地关系不大。根据材质分为钙质型珊瑚、角质型珊瑚和石灰岩质珊瑚。钙质型珊瑚有红珊瑚、白珊瑚、粉珊瑚和海竹珊瑚等。角质型珊瑚几乎全部由有机质组成，常见的品种有黑珊瑚和金珊瑚。市场上还有一种是石灰岩质珊瑚，主要有海绵蓝珊瑚和海绵红珊瑚等。

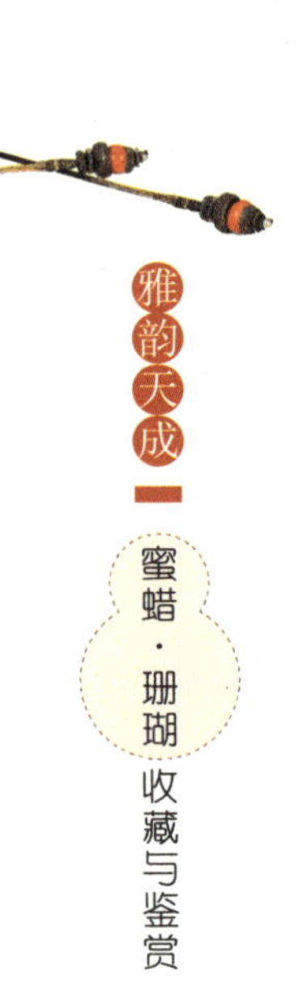

红珊瑚麻姑献寿摆件

红珊瑚

红珊瑚又称贵珊瑚，色泽鲜艳，质地细腻，并且有细密的纹理，这使得红珊瑚在宝石的大家庭中享有很高的荣誉。不透明至微透明，大多呈树枝状，蜡状光泽至玻璃光泽。主要产地为太平洋海域和地中海海域，因为那里的环境是最适合红珊瑚生长的，水温高于 20℃，海水清澈、平静。其中，来自阿尔及利亚、西班牙沿海、突尼斯、意大利、中国台湾基隆和澎湖列岛及法国的比斯开湾等地的红珊瑚是最好的。桃红色珊瑚分布于西太平洋、中国台湾、日本海域。地中海海域发现的红珊瑚相对小一些，很少有超过拇指粗细的。

红珊瑚根据其大小会被加工成首饰或工艺品。体型较大者用于雕刻人物、花鸟等工艺品，枝小但质量好的红珊瑚会被制成项链、戒指、吊坠或胸针等饰品。目前，我国市场上所见的红珊瑚，主要来自日本、中国台湾，货源紧缺，价格昂贵。其中，颜色鲜艳透亮、质地细腻、块大、造型和雕工好者为上品，具有很高的收藏价值。

民国 珊瑚降龙罗汉

黑珊瑚

黑珊瑚又名王者珊瑚，主要产于红海中部、澳大利亚、我国南海。灰黑至黑色、褐黑色，不透明。黑珊瑚因其长成树枝状，枝条纤美，质地柔韧，与陆地上的柳树很是相似，故又叫海柳。以吸盘与海底石头相黏，采集起来很困难。

海柳通常生长在深海岩石上，身高者达 3 ~ 4 米。海柳中的一种赤柳，颜色鲜艳悦目，刚露出水面的时候，树枝很有弹性，且在枝头上有闪闪发光的小叶。但是当海柳离开水面一段时间后，树干就会变得十分坚硬。海柳素有“小气象台”之称。每当快要下雨时，海柳的表面会变得暗淡无光，并分泌出微量的黏液。

黑珊瑚

清 嵌银钉黑珊瑚佛珠

海柳质地坚韧，富有光泽，是加工工艺品的珍贵材料。根据海柳的奇特造型和富有魅力的光泽以及细腻的质地，经过取材、剪枝、锯、打坯、钻、雕、抛光等工序，精心加工，可雕刻出各种精美绝伦的摆件、戒指、手镯、烟斗、烟嘴、茶杯、佛珠等艺术珍品。然后根据材料的特性，雕刻花鸟鱼虫、飞禽走兽、人物形象等不同图案，可使作品呈现出栩栩如生、惟妙惟肖的效果。

在古代，黑珊瑚就作为帝王将相的玩物出现在各朝各代。1985年，在福建省东山岛，挖掘出一座宋代古墓，从棺柩里找到一些用海柳加工的手镯、戒指及酒杯等，这些东西均完整无损，足见海柳之坚韧耐腐。东山岛的渔民们所用的烟斗也大都是海柳制成的。

黑珊瑚烟嘴 长 6~7 厘米

据说海柳有天然的过滤作用，海柳烟斗使用起来凉喉爽口，而且有一种淡淡的清香，具有降火的功效，在沿海一带极受烟民的欢迎。倘若哪个烟民丢失一个海柳烟斗，一定会难过不已的。除此之外，海柳还有很重要的药用价值，据说可以治腰痛、降血压、清热解毒、抗癌、调整心率、抗血管及回肠的痉挛等。正因为海柳的神奇功效，用海柳制作的工艺品、生活用品都极受追捧。

但是因为黑珊瑚的生长速度很慢，一年只能长几微米，所以科学家及环境保护协会呼吁人们保护深海珊瑚。

金珊瑚手串

天然深海金珊瑚手串

金珊瑚

金珊瑚呈金黄色、黄褐色，表面有独特的丘疹状外观，有的表面光滑，在强烈的斜照光下可显示晕彩或光彩，多分布于西太平洋、夏威夷、加勒比海海域。黑珊瑚可以漂白处理成金黄色，冒充天然的金珊瑚。

白珊瑚

白珊瑚颜色有白、灰白、乳白、瓷白，顶级白珊瑚呈现雪花白光泽，因海域污染，数量已越来越稀少。主要矿物成分为文石。主要用于盆景工艺或染色原料。主要分布在我国南海海域、西沙群岛、澎湖海域和琉球群岛海域以及菲律宾海域。白珊瑚主要产于 100 ~ 200 米深的海床。

白珊瑚摆件

珊瑚手串

海竹珊瑚

海竹珊瑚也称象牙珊瑚，竹节状，通常为白色、土黄色等，整体呈树枝状。沿树枝常有纵向纹理，横截面有同心环和放射状纹理，多分布于西太平洋海域。市场上销售的通常都进行过染色，多为红色，但颜色仅附着在表面，切磨后露出本色。大多被制作成项链、念珠和摆件。

海绵珊瑚

海绵珊瑚又称软柳珊瑚、草珊瑚，是红珊瑚的近亲。软体结构和红珊瑚基本相同，也有角质骨骼。颜色多种多样，有深红、赭红、桃红、肉红、粉红、橘黄、乳黄、乳白等。呈磨砂状，有明显的毛细孔，表面有不规则的纹路。生长于 100 ~ 1500 米深的海床，有的可生长于 4000 米深的深海。在世界范围内的热带、亚热带浅海广泛分布。产地有日本海域、菲律宾海域、我国南海海域等。

海绵珊瑚手串

民国 蓝珊瑚摆件

海绵蓝珊瑚

浅蓝、蓝色的珊瑚，其实是一种海绵珊瑚，简称蓝珊瑚。有较多的孔隙，常呈树状、簇状，作为首饰一般需要进行充填处理。主要分布在太平洋海域。

化石珊瑚

是指各种珊瑚化石。这种珊瑚除具古生物学意义外，还可以制成精美的工艺品。

珊瑚的功效

珊瑚有很多功能，除了作为宝石具有很好的装饰作用以外，对人的心理和生理以及人类的医学也有特殊的贡献。

珊瑚的装饰作用

珊瑚是最早被人们认识和利用的宝石之一。有人认为珊瑚是印度人在公元前 5 世纪发现的，也有人认为是意大利人约在 2000 年前首先发现的，至今意大利还流行用珊瑚做辟邪的护身符。大块的上等珊瑚料可以雕刻成各种价值连城的艺术品，小块的珊瑚料可以切割制成戒指、坠子、耳环、项链等。那些边角碎料则可以研磨成粉，制作成美容保健的药品。

红珊瑚胸针

珊瑚化石

珊瑚小鱼

珊瑚饰品的心理作用

珊瑚火红的颜色代表了热情和激情，就像爱情一样轰轰烈烈，所以佩戴珊瑚可增加佩戴者的魅力，有助于打开心胸，接受感情。

老珊瑚戒指

镶钻珊瑚戒指

珊瑚的医学作用

随着近代医学的发展，珊瑚被证实是一种具有独特功效的药材，有养颜、活血、明目、驱热、镇惊痫、排汗利尿等诸多医疗功效。

400多年前，医药大师李时珍先生在《本草纲目》中就记载珊瑚的功效："去目中翳，消宿血。为末吹鼻，止鼻血丑。明目镇心，止惊痫。点眼，去飞丝。"据有关资料介绍，珊瑚石有止血、治腰痛、清热解毒、止呕吐、止泻、化痰止咳、沾小儿惊风、排汗利尿等作用，还可以用来接骨，入药可治溃疡、动脉硬化、高血压、冠心病以及性病。除此以外，珊瑚还有促进人体的新陈代谢及调节内分泌的特殊功能。因此，有人将珊瑚和珍珠并称为"绿色珠宝"。

第六章　珊瑚成品鉴赏

珊瑚摆件

珊瑚摆件类型

珊瑚摆件主要用来观赏，一般放在桌子上或陈列橱里。一件构思巧妙、工艺精湛、用料上乘的工艺品，放在居室或厅堂会使居室满堂生辉。珊瑚摆件是珊瑚艺术品中用料最大、最好、最多的，是价值最高的。设计时根据珊瑚主干的大小、形状、颜色及树枝的分布情况来选择雕刻的题材和造型。珊瑚摆件主要有故事人物、仕女、老人、佛陀、观音、动物、小孩等题材。珊瑚盆景也很美观，主要是指没有经过任何加工的树形珊瑚。直接放在木托上构成原生态的盆景。还有的是用小珊瑚珠或花瓣和其他宝石配以天然的材料制成的天然珊瑚花卉植物的造型。这些摆件都是经过艺术家的精雕细刻而成的。

选购摆件时要考虑个人的喜好和雕工的好坏。珊瑚摆件本身的价格都比较高，而且具有收藏价值，一般是摆件越大收藏价值越高。另外，大师的作品升值空间更大，非常值得入手。

血红珊瑚（随形）钻石 18K 金戒指

【商品名称】珊瑚送子观音摆件
【商品产地】意大利
【珊瑚级别】AA 级
【珊瑚品类】天然沙丁红珊瑚
【珊瑚颜色】橙黄
【成品尺寸】高 13 厘米

【商品名称】珊瑚仙龟摆件
【商品产地】日本
【珊瑚级别】A 级
【珊瑚品类】红珊瑚
【珊瑚颜色】深红
【成品尺寸】高 16 厘米

【商品名称】民国 珊瑚龙凤纹摆件
【商品产地】中国台湾地区
【珊瑚级别】AA 级
【珊瑚品类】沙丁红珊瑚
【珊瑚颜色】辣椒红
【成品尺寸】长 24 厘米

【商品名称】红珊瑚母子摆件

【商品产地】中国台湾地区

【珊瑚级别】A 级

【珊瑚品类】阿卡红珊瑚

【珊瑚颜色】浅红

【成品尺寸】高 12.3 厘米

【商品名称】红珊瑚妇婴立像

【商品产地】中国台湾地区

【珊瑚级别】AAA 级

【珊瑚品类】红珊瑚

【珊瑚颜色】橙红

【成品尺寸】高 12 厘米

【商品名称】民国 红珊瑚嫦娥立像
【商品产地】爱尔兰
【珊瑚级别】AA 级
【珊瑚品类】阿卡红珊瑚
【珊瑚颜色】深红
【成品尺寸】高 17 厘米

【商品名称】清 红珊瑚弥勒佛
【商品产地】中国台湾地区
【珊瑚级别】AA 级
【珊瑚品类】阿卡红珊瑚
【珊瑚颜色】粉红
【成品尺寸】高 9.3 厘米

【商品名称】珊瑚蝶恋花摆件

【商品产地】日本

【珊瑚级别】A 级

【珊瑚品类】白珊瑚、红珊瑚

【珊瑚颜色】白、红

【成品尺寸】高 26.5 厘米

【商品名称】黑珊瑚摆件

【商品产地】夏威夷

【珊瑚级别】A 级

【珊瑚品类】黑珊瑚

【珊瑚颜色】黑色

【成品尺寸】长 9.8 厘米

【商品名称】民国 珊瑚雕大丰收摆件
【商品产地】中国台湾地区
【珊瑚级别】A 级
【珊瑚品类】沙丁红珊瑚
【珊瑚颜色】深红
【成品尺寸】长 18 厘米

【商品名称】黑珊瑚摆件（虎斑）
【商品产地】夏威夷
【珊瑚级别】A 级
【珊瑚品类】黑珊瑚
【珊瑚颜色】黑灰
【成品尺寸】高 9.5 厘米

【商品名称】红珊瑚整树摆件
【商品产地】爱尔兰
【珊瑚级别】AA 级
【珊瑚品类】红珊瑚
【珊瑚颜色】双色
【成品尺寸】高 33.5 厘米

【商品名称】红珊瑚树摆件
【商品产地】地中海
【珊瑚级别】AAA 级
【珊瑚品类】红珊瑚
【珊瑚颜色】艳红
【成品尺寸】高 29 厘米

【商品名称】清中期 珊瑚树盆景
【商品产地】美国
【珊瑚级别】AA 级
【珊瑚品类】红珊瑚
【珊瑚颜色】橙红
【成品尺寸】高 43 厘米

【商品名称】珊瑚孔雀石摆件
【商品产地】中国台湾地区
【珊瑚级别】A 级
【珊瑚品类】红珊瑚
【珊瑚颜色】橙色
【成品尺寸】高 25 厘米

【商品名称】珊瑚观音摆件
【商品产地】地中海
【珊瑚级别】AA 级
【珊瑚品类】红珊瑚
【珊瑚颜色】辣椒红
【成品尺寸】高 45 厘米

【商品名称】珊瑚雕送子观音摆件
【商品产地】中国台湾地区
【珊瑚级别】A 级
【珊瑚品类】孩儿面
【珊瑚颜色】浅红
【成品尺寸】高 56 厘米

【商品名称】民国 红珊瑚欢喜佛一对
【商品产地】阿尔及利亚
【珊瑚级别】A 级
【珊瑚品类】红珊瑚
【珊瑚颜色】橙红
【成品尺寸】左高 26 厘米，右高 33 厘米

【商品名称】珊瑚红釉描金龙摆件
【商品产地】中国台湾地区
【珊瑚级别】AA 级
【珊瑚品类】阿卡红珊瑚
【珊瑚颜色】红色
【成品尺寸】高 17.5 厘米

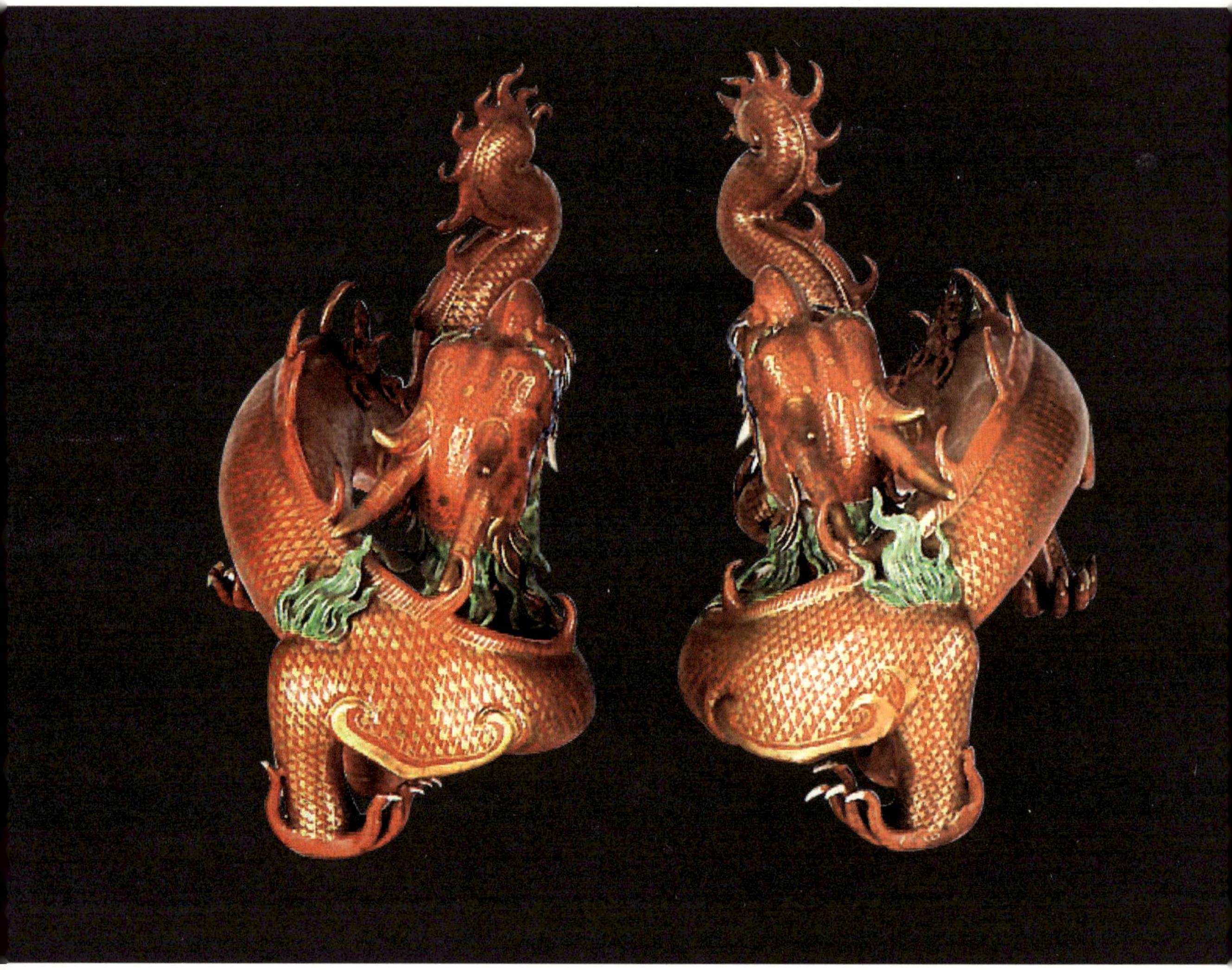

珊瑚饰品

戒 指

【商品名称】珊瑚花开富贵戒指
【商品产地】中国台湾地区
【珊瑚级别】AA 级
【珊瑚品类】沙丁红珊瑚
【珊瑚颜色】浅红
【珊瑚形状】花形
【镶嵌材料】白金、碧玺、粉尖晶石

【商品名称】清 红珊瑚戒指
【商品产地】中国台湾地区
【珊瑚级别】AA 级
【珊瑚品类】红珊瑚
【珊瑚颜色】辣椒红
【珊瑚形状】长方形
【镶嵌材料】银

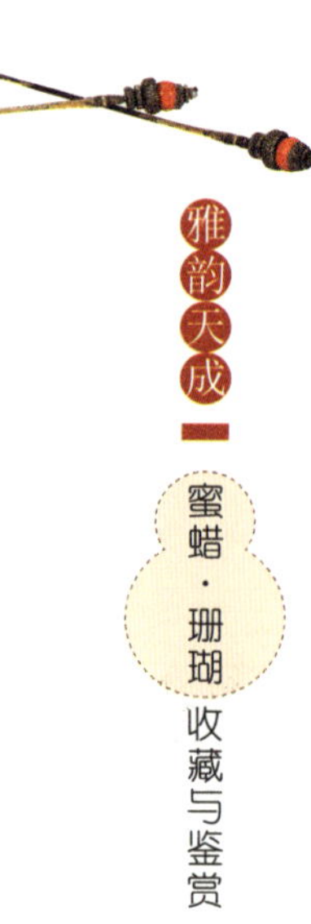

【商品名称】红珊瑚小家碧玉戒指
【商品产地】中国台湾地区
【珊瑚级别】A 级
【珊瑚品类】阿卡红珊瑚
【珊瑚颜色】血红
【珊瑚形状】圆珠形
【镶嵌材料】18K 白金、天然钻石

【商品名称】PT900 珊瑚镶钻戒指
【商品产地】意大利
【珊瑚级别】A 级
【珊瑚品类】沙丁红珊瑚
【珊瑚颜色】大红
【珊瑚形状】圆形
【镶嵌材料】铂金、钻石

【商品名称】红珊瑚深海玫瑰戒指
【商品产地】地中海
【珊瑚级别】AAA 级
【珊瑚品类】深海血红珊瑚
【珊瑚颜色】血红
【珊瑚形状】花形
【镶嵌材料】铂金、18 K 金、钻石

【商品名称】血红珊瑚钻石 18K 金戒指
【商品产地】中国台湾地区
【珊瑚级别】A 级
【珊瑚品类】深海血红珊瑚
【珊瑚颜色】血红
【珊瑚形状】水滴形
【镶嵌材料】18K 金

【商品名称】18K 金红珊瑚镶钻手工戒指
【商品产地】中国台湾地区
【珊瑚级别】A 级
【珊瑚品类】阿卡红珊瑚
【珊瑚颜色】辣椒红
【珊瑚形状】圆形
【镶嵌材料】18K 金

【商品名称】18K 钻石红珊瑚戒指
【商品产地】中国台湾地区
【珊瑚级别】AA 级
【珊瑚品类】阿卡红珊瑚
【珊瑚颜色】红色
【珊瑚形状】弧面，椭圆形
【镶嵌材料】18K 金、钻石

【商品名称】14K 金粉珊瑚镶钻戒指
【商品产地】美国
【珊瑚级别】A 级
【珊瑚品类】孩儿面
【珊瑚颜色】粉色
【珊瑚形状】水滴形
【镶嵌材料】14K 金、钻石

【商品名称】18K 红珊瑚钻石戒指
【商品产地】中国台湾地区
【珊瑚级别】A 级
【珊瑚品类】红珊瑚
【珊瑚颜色】红色
【珊瑚形状】珠形
【镶嵌材料】18K 金、钻石

【商品名称】18K 钻石珊瑚碧玺戒指
【商品产地】中国台湾地区
【珊瑚级别】A 级
【珊瑚品类】阿卡红珊瑚
【珊瑚颜色】大红
【珊瑚形状】弧面，圆形
【镶嵌材料】18K 金、钻石、碧玺

【商品名称】18K 钻石红珊瑚黑玛瑙戒指
【商品产地】中国台湾地区
【珊瑚级别】AA 级
【珊瑚品类】阿卡红珊瑚
【珊瑚颜色】血红
【珊瑚形状】弧面，圆形
【镶嵌材料】18K 金、钻石、黑玛瑙

【商品名称】18K 钻石红珊瑚摩根石戒指
【商品产地】美国
【珊瑚级别】A 级
【珊瑚品类】红珊瑚
【珊瑚颜色】橙红
【珊瑚形状】弧面，椭圆形
【镶嵌材料】18K 金、钻石、摩根石

【商品名称】18K 钻石红珊瑚和田玉戒指
【商品产地】法国
【珊瑚级别】AA 级
【珊瑚品类】红珊瑚
【珊瑚颜色】辣椒红
【珊瑚形状】圆珠形
【镶嵌材料】18K 金、钻石、和田玉

【商品名称】18K 钻石珊瑚戒指
【商品产地】美国
【珊瑚级别】A 级
【珊瑚品类】沙丁红珊瑚
【珊瑚颜色】辣椒红
【珊瑚形状】弧面，圆形
【镶嵌材料】18K 金、红宝石

【商品名称】PT900 珊瑚戒指
【商品产地】意大利
【珊瑚级别】A 级
【珊瑚品类】阿卡红珊瑚
【珊瑚颜色】红色
【珊瑚形状】圆珠形
【镶嵌材料】铂金、钻石

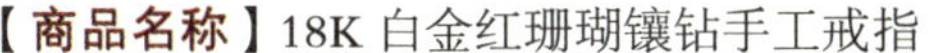

【**商品名称**】18K 白金红珊瑚镶钻手工戒指
【**商品产地**】法国
【**珊瑚级别**】AA 级
【**珊瑚品类**】红珊瑚
【**珊瑚颜色**】橙红
【**珊瑚形状**】长圆形
【**镶嵌材料**】18K 白金、钻石

【**商品名称**】18K 红钻石珊瑚戒指
【**商品产地**】法国
【**珊瑚级别**】AA 级
【**珊瑚品类**】红珊瑚
【**珊瑚颜色**】红色
【**珊瑚形状**】珠形
【**镶嵌材料**】18K 白金、钻石

【**商品名称**】18K 红珊瑚粉彩红宝石戒指
【**商品产地**】地中海
【**珊瑚级别**】AA 级
【**珊瑚品类**】红珊瑚
【**珊瑚颜色**】血红
【**珊瑚形状**】弧面，椭圆形
【**镶嵌材料**】18K 金、粉彩红宝石

【商品名称】18K 红珊瑚粉红宝石戒指
【商品产地】爱尔兰
【珊瑚级别】A 级
【珊瑚品类】红珊瑚
【珊瑚颜色】红色
【珊瑚形状】弧面，椭圆形
【镶嵌材料】18K 金、粉红宝石

【商品名称】18K 钻石红珊瑚戒指
【商品产地】意大利
【珊瑚级别】A 级
【珊瑚品类】红珊瑚
【珊瑚颜色】辣椒红
【珊瑚形状】弧面，椭圆鸡蛋形
【镶嵌材料】18K 金、 钻石

【商品名称】18K 钻石红珊瑚芙蓉粉红宝石戒指
【商品产地】中国台湾地区
【珊瑚级别】AA 级
【珊瑚品类】阿卡红珊瑚
【珊瑚颜色】血红
【珊瑚形状】弧面，椭圆形
【镶嵌材料】18K 金、钻石、芙蓉粉红宝石

耳坠

【商品名称】天然红珊瑚时尚苹果耳坠
【商品产地】中国
【珊瑚级别】A 级
【珊瑚品类】红珊瑚
【珊瑚颜色】大红
【珊瑚形状】苹果形
【耳钉材质】925 银

【商品名称】红珊瑚绽放的幸福耳坠
【商品产地】中国台湾地区
【珊瑚级别】AA 级
【珊瑚品类】红珊瑚
【珊瑚颜色】大红
【珊瑚形状】圆环形
【耳钉材质】925 银

【商品名称】天然沙丁红珊瑚耳环
【商品产地】欧洲回流
【珊瑚级别】A 级
【珊瑚品类】沙丁红珊瑚
【珊瑚颜色】大红
【珊瑚形状】梨形
【耳钉材质】14K 金

【商品名称】天然沙丁红珊瑚耳环
【商品产地】中国
【珊瑚级别】A 级
【珊瑚品类】沙丁红珊瑚
【珊瑚颜色】红色
【珊瑚形状】圆珠形
【耳钉材质】18K 金

【商品名称】天然沙丁红珊瑚耳环
【商品产地】中国台湾地区
【珊瑚级别】A 级
【珊瑚品类】沙丁红珊瑚
【珊瑚颜色】大红
【珊瑚形状】长方形
【耳钉材质】9K 金

【商品名称】天然牛血红珊瑚耳夹
【商品产地】日本
【珊瑚级别】A 级
【珊瑚品类】牛血红天然珊瑚
【珊瑚颜色】牛血红
【珊瑚形状】椭圆形
【耳钉材质】14K 金

【商品名称】民国 天然红珊瑚耳夹
【商品产地】中国台湾地区
【珊瑚级别】A 级
【珊瑚品类】天然沙丁红珊瑚
【珊瑚颜色】沙丁红
【珊瑚形状】圆珠形
【耳钉材质】18K 金

【商品名称】18K 金红珊瑚镶钻耳环
【商品产地】中国台湾地区
【珊瑚级别】AA 级
【珊瑚品类】阿卡红珊瑚
【珊瑚颜色】大红
【珊瑚形状】梨形
【耳钉材质】18K 金

【**商品名称**】珊瑚天然玫瑰花耳环
【**商品产地**】欧洲
【**珊瑚级别**】A 级
【**珊瑚品类**】阿卡红珊瑚
【**珊瑚颜色**】大红
【**珊瑚形状**】圆珠形、花形
【**成品重量**】5 克

【**商品名称**】14K 金圆珠形红珊瑚耳环
【**商品产地**】意大利
【**珊瑚级别**】A 级
【**珊瑚品类**】红珊瑚
【**珊瑚颜色**】大红
【**珊瑚形状**】圆珠形
【**耳钉材质**】14K 金

【商品名称】18K 镀金女士红珊瑚吊坠耳环
【商品产地】意大利
【珊瑚级别】AA 级
【珊瑚品类】红珊瑚
【珊瑚颜色】红色
【珊瑚形状】不规则珠子
【耳钉材质】18K 金

【商品名称】18K 钻石红珊瑚耳环
【商品产地】地中海
【珊瑚级别】AA 级
【珊瑚品类】红珊瑚
【珊瑚颜色】沙丁红
【珊瑚形状】吊胆形
【耳钉材质】18K 金、钻石

【商品名称】橘色珊瑚耳坠
【商品产地】中国
【珊瑚级别】A 级
【珊瑚品类】孩儿面
【珊瑚颜色】橘色
【珊瑚形状】圆珠形
【耳钉材质】925 银

【商品名称】珊瑚珠瀑布耳环
【商品产地】中国台湾地区
【珊瑚级别】A 级
【珊瑚品类】红珊瑚
【珊瑚颜色】艳红
【珊瑚形状】圆珠形
【耳钉材质】18K 金

【商品名称】18K 钻石红珊瑚中国结耳环
【商品产地】阿尔及利亚
【珊瑚级别】A 级
【珊瑚品类】红珊瑚
【珊瑚颜色】辣椒红
【珊瑚形状】吊胆形
【耳钉材质】18K 金、钻石

【商品名称】18K 钻石红珊瑚耳环
【商品产地】法国
【珊瑚级别】A 级
【珊瑚品类】红珊瑚
【珊瑚颜色】沙丁红
【珊瑚形状】弧面，圆形
【耳钉材质】18K 金、 钻石

【商品名称】18K 钻石红珊瑚黑玛瑙耳环
【商品产地】地中海
【珊瑚级别】A 级
【珊瑚品类】红珊瑚
【珊瑚颜色】沙丁红
【珊瑚形状】吊胆形
【耳钉材质】18K 金、钻石、黑玛瑙

【商品名称】14K 红珊瑚耳环
【商品产地】中国台湾地区
【珊瑚级别】AA 级
【珊瑚品类】阿卡红珊瑚
【珊瑚颜色】红色
【珊瑚形状】吊胆形
【耳钉材质】14K 金

【商品名称】18K 红珊瑚摩根石钻石耳环
【商品产地】法国
【珊瑚级别】AA 级
【珊瑚品类】红珊瑚
【珊瑚颜色】红色
【珊瑚形状】椭圆形
【耳钉材质】18K 金、摩根石、钻石

手串

【商品名称】十八子手串
【珊瑚产地】中国台湾地区
【珊瑚级别】A 级
【珊瑚品类】红珊瑚
【珊瑚颜色】辣椒红
【商品尺寸】珠径 2.4 厘米

【商品名称】十八子手串
【珊瑚产地】阿尔及利亚
【珊瑚级别】AA 级
【珊瑚品类】沙丁红珊瑚
【珊瑚颜色】红色
【商品尺寸】珠径 1.2 厘米

【商品名称】珊瑚手串
【珊瑚产地】爱尔兰
【珊瑚级别】A 级
【珊瑚品类】阿卡红珊瑚
【珊瑚颜色】正红
【商品尺寸】珠径 1.1 厘米

【商品名称】18K 金镶嵌珊瑚手链
【珊瑚产地】中国台湾地区
【珊瑚级别】AA 级
【珊瑚品类】红珊瑚
【珊瑚颜色】辣椒红
【商品尺寸】珠径 1.6 厘米

【商品名称】珊瑚雕龙凤寿字手镯
【珊瑚产地】中国台湾地区
【珊瑚级别】AA 级
【珊瑚品类】红珊瑚
【珊瑚颜色】深红
【商品尺寸】圈口 5.7 厘米

【商品名称】白珊瑚手串
【珊瑚产地】地中海
【珊瑚级别】AA 级
【珊瑚品类】白珊瑚
【珊瑚颜色】白色
【商品尺寸】珠径 0.6 厘米

【商品名称】珊瑚手链
【珊瑚产地】中国台湾地区
【珊瑚级别】A 级
【珊瑚品类】阿卡红珊瑚
【珊瑚颜色】血红
【商品尺寸】单珠长 0.6 厘米

【商品名称】吉祥如意手链
【珊瑚产地】中国台湾地区
【珊瑚级别】A 级
【珊瑚品类】深海沙丁珊瑚
【珊瑚颜色】红色
【商品尺寸】珠径 1.2 厘米

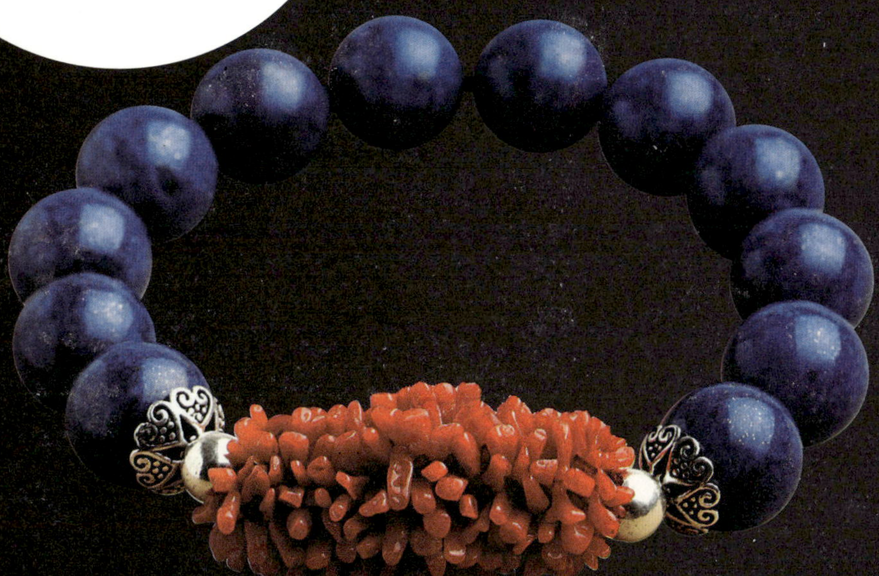

项 链

【商品名称】红珊瑚随形项链
【商品产地】中国台湾地区
【珊瑚级别】AA 级
【珊瑚品类】天然沙丁红珊瑚
【珊瑚颜色】正红
【珊瑚尺寸】圆柱形珠径 0.5 厘米、长 1 厘米，圆珠形珠径 0.6 厘米
【珊瑚形状】圆柱形、圆珠形

【商品名称】珊瑚项链
【商品产地】中国台湾地区
【珊瑚级别】AA 级
【珊瑚品类】天然沙丁红珊瑚
【珊瑚颜色】正红
【珊瑚尺寸】珠径 0.8 厘米
【珊瑚形状】圆珠形

【商品名称】红珊瑚绽放的幸福吊坠
【商品产地】意大利
【珊瑚级别】A 级
【珊瑚品类】天然沙丁红珊瑚
【珊瑚颜色】正红
【珊瑚尺寸】长 3.5 厘米
【珊瑚形状】圆环形

【商品名称】18K 钻石红珊瑚吊坠
【商品产地】意大利
【珊瑚级别】AA 级
【珊瑚品类】天然沙丁红珊瑚
【珊瑚颜色】正红
【珊瑚尺寸】珠径 1.8 厘米
【珊瑚形状】吊胆形

【商品名称】民国 天然沙丁红珊瑚 18K 金扣金珠瓜珠项链
【商品产地】中国台湾地区
【珊瑚级别】A 级
【珊瑚品类】沙丁红珊瑚
【珊瑚颜色】沙丁红
【珊瑚尺寸】珠径 0.6 厘米
【珊瑚形状】瓜珠形

【商品名称】和田玉籽料挂坠配 24K 金珠金扣珊瑚项链
【商品产地】中国台湾地区
【珊瑚级别】AA 级
【珊瑚品类】沙丁红珊瑚
【珊瑚颜色】沙丁红
【珊瑚尺寸】珠径 0.4 厘米
【珊瑚形状】圆珠形

【商品名称】天然红珊瑚 14K 金镶钻吊坠
【商品产地】法国
【珊瑚级别】AA 级
【珊瑚品类】红珊瑚
【珊瑚颜色】沙丁红
【珊瑚尺寸】长 2.8 厘米
【珊瑚形状】水滴形

【商品名称】沙丁红珊瑚 18K 金皇冠吊坠
【商品产地】欧洲回流
【珊瑚级别】AA 级
【珊瑚品类】沙丁红珊瑚
【珊瑚颜色】大红
【珊瑚尺寸】珠径 0.6 厘米
【珊瑚形状】椭圆形

【商品名称】辣椒红精致珊瑚项链
【商品产地】中国台湾地区
【珊瑚级别】AAA 级
【珊瑚品类】红珊瑚
【珊瑚颜色】辣椒红
【珊瑚尺寸】珠径 0.6 厘米
【珊瑚形状】圆珠形

【商品名称】珊瑚项链
【商品产地】中国台湾地区
【珊瑚级别】AAA 级
【珊瑚品类】阿卡红珊瑚
【珊瑚颜色】辣椒红
【珊瑚尺寸】珠径 0.6 厘米
【珊瑚形状】圆柱形

【商品名称】天然孩儿面树枝形红珊瑚项链
【商品产地】海外回流
【珊瑚级别】A 级
【珊瑚品类】孩儿面红珊瑚
【珊瑚颜色】粉红
【珊瑚尺寸】全长 61 厘米
【珊瑚形状】树枝形

【商品名称】珊瑚项链
【商品产地】中国台湾地区
【珊瑚级别】AA 级
【珊瑚品类】红珊瑚
【珊瑚颜色】浅红
【珊瑚尺寸】单颗珠径 0.4 厘米
【珊瑚形状】圆球形、柱状

珊瑚挂件

【商品名称】18K 钻石红珊瑚石榴石挂坠
【商品产地】美国
【珊瑚级别】A 级
【珊瑚颜色】血红
【珊瑚尺寸】珠径 1.2 厘米
【珊瑚形状】弧面，椭圆形
【镶嵌材料】18K 金、钻石、石榴石

【商品名称】18K 钻石红珊瑚黑玛瑙挂坠
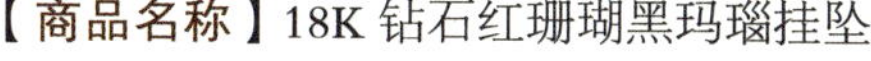
【商品产地】美国
【珊瑚级别】A 级
【珊瑚颜色】辣椒红
【珊瑚尺寸】0.6 厘米 ×0.2 厘米 ×2.5 厘米
【珊瑚形状】吊胆形
【镶嵌材料】18K 金、钻石、黑玛瑙

【商品名称】18K 钻石红珊瑚挂坠

【商品产地】爱尔兰

【珊瑚级别】AA 级

【珊瑚颜色】辣椒红

【珊瑚尺寸】珠径 1.1 厘米

【珊瑚形状】吊胆形

【镶嵌材料】红珊瑚、钻石、18K 金

【商品名称】清乾隆 红珊瑚螭龙鸡心佩

【商品产地】中国

【珊瑚级别】AA 级

【珊瑚颜色】艳红

【珊瑚尺寸】3 厘米 ×0.5 厘米 ×6 厘米

【珊瑚形状】长方形

【镶嵌材料】无

【商品名称】珊瑚挂件
【商品产地】缅甸
【珊瑚级别】AA 级
【珊瑚颜色】鲜红
【珊瑚尺寸】长 6 厘米
【珊瑚形状】树枝形
【镶嵌材料】黄金

【商品名称】红珊瑚黄金挂件
【商品产地】中国台湾地区
【珊瑚级别】A 级
【珊瑚颜色】深红
【珊瑚尺寸】长 3 厘米
【珊瑚形状】树枝形
【镶嵌材料】黄金

【商品名称】红珊瑚貔貅挂件
【商品产地】中国
【珊瑚级别】AA 级
【珊瑚颜色】鲜红
【珊瑚尺寸】长 2.3 厘米
【珊瑚形状】貔貅形
【镶嵌材料】无

珊瑚把件

【商品名称】清乾隆 珊瑚龙纹带钩
【商品产地】中国台湾地区
【珊瑚级别】A 级
【珊瑚颜色】暗红
【珊瑚尺寸】长 9.3 厘米
【镶嵌材料】无

【商品名称】红珊瑚龙凤纹鼻烟壶
【商品产地】中国
【珊瑚级别】AA 级
【珊瑚颜色】正红
【珊瑚尺寸】高 8.7 厘米
【镶嵌材料】无

【商品名称】珊瑚烟斗
【商品产地】中国
【珊瑚级别】AA 级
【珊瑚颜色】正红
【珊瑚尺寸】长 12.8 厘米
【镶嵌材料】无

【商品名称】珊瑚守业烟壶
【商品产地】中国
【珊瑚级别】AA 级
【珊瑚颜色】暗红
【珊瑚尺寸】高 6.5 厘米
【镶嵌材料】无

【商品名称】清 珊瑚雕葫芦万代烟壶
【商品产地】中国
【珊瑚级别】A 级
【珊瑚颜色】大红
【珊瑚尺寸】高 5.5 厘米
【镶嵌材料】无

【商品名称】红珊瑚葫芦把件
【商品产地】中国
【珊瑚级别】AA 级
【珊瑚颜色】艳红
【珊瑚尺寸】高 7.9 厘米
【镶嵌材料】无

【商品名称】红珊瑚如意佛手把件
【商品产地】中国台湾地区
【珊瑚级别】AA 级
【珊瑚颜色】正红
【珊瑚尺寸】长 5.5 厘米
【镶嵌材料】绿松石

珊瑚饰品的佩戴

在古代，人们佩戴各种饰品，不只是为了装饰自己，也表达了对美好生活的向往。古人相信这些天然的珠宝玉石具有灵性，能驱魔辟邪、医治疾病、给人带来福气，是生命的保护神。今天，人们佩戴珠宝首饰一是为了美化生活，二是作为收藏和投资，甚至可以代代相传。最近十几年来，我国市场上的珠宝饰品琳琅满目，人们选择珠宝饰品的范围越来越大。穿金戴银已不能满足人们对时尚的需求，女性佩戴珠宝可以更时尚、更有魅力，可以得到精神满足。不同的发型和服装应选择不同款式的珠宝饰品，这恐怕早已是女性的必修功课了。当今男性饰品则不同于女性饰品，一般只有某些特定类型的珠宝，款式多以宽大为主，有棱有角或为弧线流畅的线条。随着社会的发展，中性化的饰品越来越多，好多饰品既适合男性也适合女性佩戴。珊瑚质地细腻，色彩柔和，适合不同年龄阶段的男男女女佩戴。不同的珠宝或同一种珠宝不同的款式与不同年龄、性格、脸型、服装、季节、肤色等搭配，具有不同的效果。

粉色珊瑚镶钻 18K 白金吊坠项链

第七章　珊瑚的收藏

珊瑚的选购

随着社会的发展，人们的生活水平有了显著的提高，过去只有皇家和贵族才能拥有的珊瑚，如今已经成为寻常百姓的新宠。虽然珊瑚的美化装饰作用是有目共睹的，但还是很少有人知道该怎样去选购珊瑚。在选购珊瑚饰品时，我们必须知道珊瑚的价值由哪些方面决定。珊瑚的价值取决于珊瑚本身的品质、稀有程度、重量等要素，同时要对珊瑚质量和品种进行综合的评价。那么如何才能选择一款在价格和质量方面都比较满意的珊瑚饰品呢？这就要把下面几点评判依据作为选购的标准。

珊瑚的分级

珊瑚质量分级

目前，珊瑚的评级还没有一套完善的标准，商业上宝石级珊瑚根据其质量分为三类：

活体珊瑚，就是说珊瑚在捕捞上来前仍然是活体，表面有生物组织，钙质骨骼表面有薄膜。这种珊瑚被磨光后明亮润泽，结构致密，是最好的珊瑚。

倒珊瑚，在捕获前已停止生长但仍未受海水腐蚀的珊瑚，磨光后光泽好，是较好的珊瑚。

死体珊瑚，就是大量珊瑚虫死后的骨骼残留，这种珊瑚在捕获前已完全停止生长，且受到海水的腐蚀较严重，结构较疏松，表面有较多虫孔，加工后的珊瑚光泽较暗，是较差的珊瑚。

珊瑚胸花、吊坠一套

珊瑚花形胸针

品级划分

根据色泽、质地、块度和加工要求，将红色珊瑚分为四个品级。不同品级的珊瑚，加工精细程度不同，品级越高，加工越精细。

◆ **特级珊瑚**

颜色呈深红或艳红色，颜色分布均匀，光泽明亮，质地致密、坚韧，块度大且完整，高度不低于 90 厘米。

◆ **一级珊瑚**

颜色呈红色或鲜红色，颜色较为均匀，光泽较明亮，质地致密、坚韧，块度较完整，高度为 60~90 厘米。

红珊瑚挂件

◆ **二级珊瑚**

颜色呈粉红色，颜色分布较为均匀，光泽强弱不定，质地较为致密、坚韧，有少量虫孔，块度不完整，高度为 15~60 厘米。

◆ **三级珊瑚**

颜色呈浅红、橙红或褐红色，颜色分布不均匀，光泽弱，质地疏松，有较多虫孔，块度残缺，高度小于 15 厘米。

红珊瑚选购

珊瑚的价值是由其品质决定的，主要以颜色、块度、质地和做工精细程度等方面作为评价和判定的依据。

红珊瑚花形手链

颜色

对于钙质型珊瑚来说，颜色是最重要的，有颜色的要比白色的价值高。颜色要求美丽、鲜艳而纯正，以红色系为最佳。

镶嵌红珊瑚套装

颜色深红的珊瑚被称为“辣椒红”，我国台湾、日本地区称为阿卡深红；暗红色的被称为“蜡烛红”；沙丁红珊瑚是一种大红色珊瑚，孔洞少，主要产于地中海沿岸的意大利沙丁尼亚岛；肉红、橘红被称为momo红（稍浅于阿卡红）；颜色大红的被称为“关公脸”；颜色桃红、粉红，质地细腻的被称为“孩儿面”。白珊瑚以纯白为佳，依次是瓷白和灰白色。角质型珊瑚中的黑色珊瑚和金色珊瑚也是较为名贵的品种。一般认为，阿卡深红是珊瑚最高级别的红色。当然，不同地域稍有差别，如中国人喜欢红色，法国人喜欢桃红色。

块度

块度越大、越完整者，价值越高。因为红珊瑚的生长速度缓慢，有“千年珊瑚万年红，万年珊瑚赛黄金”的说法，所以到现在，很少见到较大的红珊瑚艺术品，只有在一些大型拍卖会上，偶尔会出现一两件价格不菲的红珊瑚艺术品。目前市场上的珊瑚交易是以克为标准的，根据块度大小和品质的高低，一克从几十元到几百元人民币不等，高的可达几千元人民币。

红珊瑚镶嵌戒指

阿卡红珊瑚项链

质地

质地致密坚韧，寄生虫巢穴少，表面纹理细者为好，有白斑、白心者为次，多孔、多裂者价值低。

光泽

光泽是判别珊瑚品质的另一个原则，若一株珊瑚没有光泽或光泽暗淡，那么即便是有很正的红色，也是无济于事的。高品质的珊瑚必须要有很强的光泽，可达到玻璃光泽。一般来说，活体珊瑚光泽明亮，死体珊瑚光泽暗淡。

红珊瑚枝挂件

工艺

工艺设计加工的水平对珊瑚工艺品的价值有重要的影响。一般造型美观、设计新颖、雕工精细的价值更高。特级或一级红珊瑚雕刻而成的工艺品价格弹性最大，价格由几万元人民币到几十万元人民币不等，主要由雕刻工艺及制作公司的情况决定，而一些有名的工艺大师的作品更是无价之宝。

镶嵌红珊瑚多子多福套装

白珊瑚水滴吊坠

珊瑚的保养

珊瑚的主要成分碳酸钙化学性质不稳定，如果长时间佩戴珊瑚，尤其是在夏天，红珊瑚会出现表面变白的情况。这是因为人体汗液中有酸性成分，碳酸钙碰到酸性物质就会产生化学反应，生成白色的氧化钙。氧化钙对白色珊瑚无影响，而对红珊瑚影响很大。如果红珊瑚佩戴后不清洗，白色氧化钙牢牢地“长”在红珊瑚上，就会大大影响珊瑚的美观和寿命，而作为饰品的话也会大打折扣。所以我们要珍惜珊瑚，保护珊瑚，且无论从哪个方面来看，珊瑚的保养都是至关重要的。那么珊瑚该如何保护和保养呢？下面我们就分几个方面详细阐述。

（1）珊瑚的结构不致密，有孔隙，不宜多接触化妆品、香水、酒精、食盐、油污和醋等。

（2）不可长时间太阳暴晒和高温烘烤，否则容易失去水分和光泽，甚至褪色。

（3）珊瑚硬度小，佩戴时尽量不要和硬的东西接触，反复摩擦会损坏珊瑚表面的光滑度和亮度。收藏时应单独存放，以免被其他宝石划伤。

（4）保养时用少许无颜色、无蜡质的婴儿油或橄榄油之类轻擦，放置一晚即可恢复光彩，严重者可以轻轻进行抛光。

（5）珊瑚首饰戴脏了，用中性肥皂水或清水冲洗，然后拿干净棉布擦干即可。

（6）佩戴后要每天晚上用清水冲洗红珊瑚首饰，把沾在上面的汗液清洗掉，以免发生化学反应。如果已经生成了白色氧化钙颗粒，可用清水冲洗后，用软布擦干，涂上婴儿油，便会恢复红色，但这只是补救方法。所以，最好还是不要在夏天长时间佩戴珊瑚饰品。

阿卡红珊瑚花挂件

珊瑚的收藏价值

在珠宝界，珊瑚是唯一有生命的千年灵物，它以千娇百媚、晶莹剔透、温润可人、光泽艳丽与珍珠、琥珀并列为三大有机宝石。在古代，珊瑚还代表着高贵与权势，是幸福与永恒的象征，被视为祥瑞之物。而今，珊瑚的收藏也成为人们的热门话题，不仅仅是因为珊瑚的稀有、种类繁多，更因为珊瑚的艺术价值。

红珊瑚欢喜项链

珊瑚玛瑙 18K 金镶钻吊坠项链

珊瑚的稀有性

珊瑚的开采非常困难，因为它生长在 200~2000 米的大海深处。再者，珊瑚的生长速度非常缓慢，20 年才能长 3 厘米左右，300 年才长 1 千克。千年来，它要经历无数次巨浪冲刷，才能长成人们最后看到的样子，因此，珊瑚成为人们心目中独一无二的千年灵物。

另外，珊瑚的形成过程也决定了珊瑚的稀少性。因为珊瑚是珊瑚虫分泌的钙质骨骼堆积而成，一般质地疏松，因此，质地致密的顶级珊瑚是非常少的。

造成珊瑚稀少的最重要的一点是，人类至今都无法通过人工养殖来培育珊瑚。珊瑚的生存与生长条件受到大自然中诸多因素的影响和限制，例如光线强弱、海水的盐分浓度、海水的水温与水压、海流速度、食物丰富度、健康状况等。

现今，海洋的污染日益严重，再加上深海采集的艰难，珊瑚越发显得稀有和珍贵。

珊瑚种类的多样性

珊瑚种类繁多，有白珊瑚、浅粉或深色珊瑚、桃红珊瑚等，在夏威夷还可看到黑珊瑚。其中，最为珍贵的是红珊瑚、蓝珊瑚和黑珊瑚。

红珊瑚色泽艳丽，质地坚硬，产量稀少，因此，价格非常昂贵。16世纪中期，地中海沿岸的红珊瑚贸易十分繁荣，因而创造了许多价值极高的红珊瑚艺术杰作。如今，在很多拍卖中，红珊瑚作品的价格也是高得惊人。特别是产于我国台湾的一些品质优良的珊瑚，是我国所拥有的得天独厚的国宝。

珊瑚如意

14K 黄金镶珊瑚青金石胸针

珊瑚的艺术价值

从艺术文化价值方面来看，每一件珊瑚作品在创作、设计的过程中都面临着很大的困难和挑战。工匠们根据珊瑚的形状而巧妙构思，经过精细的雕琢后才能成为一件完美的工艺品，所以每件珊瑚作品都是独一无二的，具有唯一性。因此，人们对珊瑚的收藏一直很热衷，而珊瑚的价格也因此一直居高不下。比如法国罗浮宫就珍藏了许多珊瑚精品，我国不少博物馆也有丰富的珊瑚精品。

收藏注意事项

由于人类对珊瑚的过度开采，加上珊瑚的生长速度极其缓慢，因此，我国已经将红珊瑚列为“国家一级重点保护动物”，有些国家还禁止开采珊瑚。如此一来，珊瑚的价格便呈现出一路攀升的态势。近些年，随着社会经济的发展，人们对宝石的购买力也大大增加，而精品珊瑚的价格还没有涨至最高点，因此投资珊瑚还是大有可为的。

珊瑚圆雕仕女抚琴立像

红珊瑚寿星吊坠

在红珊瑚的投资中，新货远远比不上旧货受欢迎。当下拍卖公司所拍卖的珊瑚饰品、摆件基本都是老件，而珠宝市场上出售的大多是珊瑚新货。从收藏角度看，新货和老件各有自己的收藏群体；从投资角度看，新货比老货更具有升值的空间。因为不论是从工艺上来看，还是从开采、雕琢来看，现代的科技水平都要优于古代。在古代，珊瑚打捞基本靠渔船拖网捕捞，而现在打捞珊瑚是动用潜水艇下海勘探，现代的科技手段更容易获得优质的珊瑚。

对于许多收藏投资爱好者来说，经过精心设计、细心雕刻的艺术品或首饰，不仅具有相当的观赏价值，也是一件融合了人文、历史与投资价值的精品，即便是在短时间内价值没有上涨，不过从长久来看，无疑是投资收藏的好选择。可以预见的是，精品红珊瑚凭借其稀缺以及不可再生的特性，必将成为收藏界的一匹黑马，升值空间巨大，潜力无限。

珊瑚的投资前景

宝石的价值不仅仅在于它的装饰作用，更重要的是其具有保值和升值的空间。宝石的价值与它本身的物理特性以及所储藏的资源多少有很密切的关系，同时也受经济市场的影响，还与民族和国情有关。例如，自古以来，东方国家就比较钟爱翡翠，尤其喜欢祖母绿。珊瑚的市场主要是日本、意大利、中国。国际市场上出现的珊瑚制品多是饰品和佛珠，许多国际知名首饰的品牌推出了高档的珊瑚设计产品，也有的珠宝设计师用珊瑚设计出独一无二的珍贵饰品。

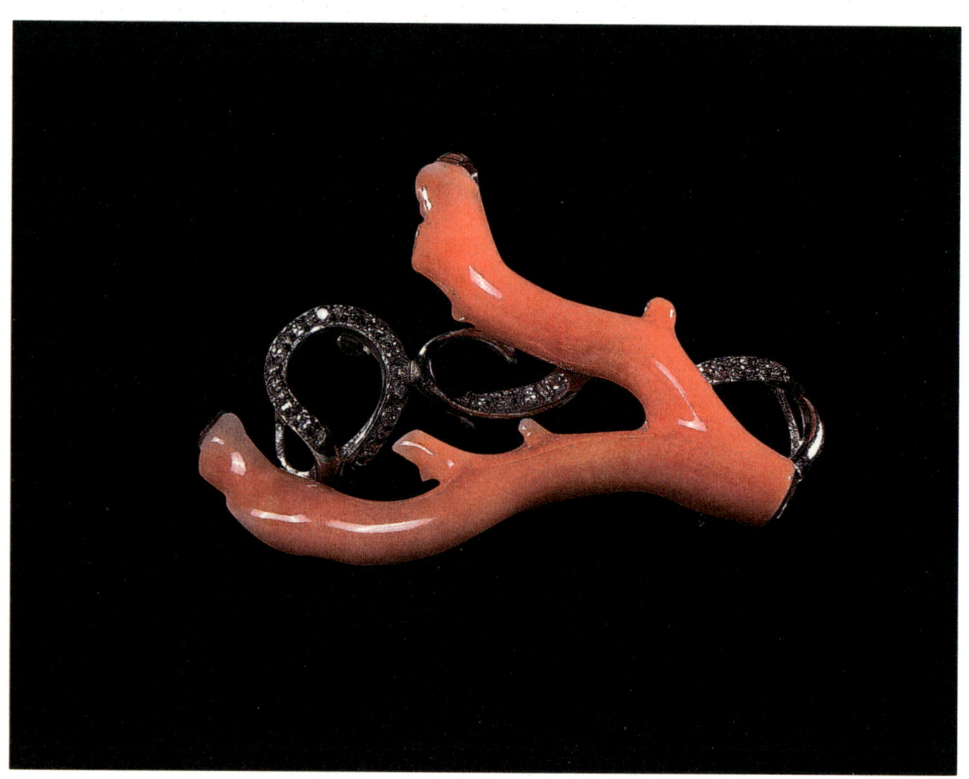

银嵌红珊瑚枝胸针

银嵌红珊瑚吊坠

在以前，红珊瑚在我国的市场几乎一片空白，很少有人认识红珊瑚，这些年随着红珊瑚在国际市场的知名度逐渐提升，我国红珊瑚的市场也逐渐成熟了很多。带有吉祥寓意的珊瑚产品如貔貅、白菜、花开富贵、吉祥如意等在全国都受到消费者的欢迎。销售的珊瑚产品从数百元到几千元甚至上万元不等。随着市场的兴盛，珊瑚的价格也越来越高。现在市场上除了白玉、翡翠以外，升值最快的就是珊瑚了。目前，有不少红珊瑚饰品极受收藏者的喜爱，精品红珊瑚增值十分迅速，为收藏界人士所看重。由于红珊瑚增值迅速，因此很多投资者将目光放在了这种天然宝石身上。目前，一条较好的红珊瑚项链价值上万元，而产自我国台湾至日本一线沿海和地中海沿岸地带的优质红珊瑚，更是因为稀少难得而价格昂贵。由此可以肯定，今后红珊瑚的价值会越来越高。

18K 金镶嵌珊瑚、珍珠配镶钻石海马胸针

白珊瑚娃娃脸观音挂件

红珊瑚质地莹润、色泽喜人。一件经过精心设计、精致雕刻的珊瑚艺术品，可作为“传家宝”留传给自己的子孙后代。现在，许多红珊瑚收藏者还特意到福建各地搜寻，其中闽南地区是寻觅红珊瑚的理想宝地。一粒顶级的圆珠就卖到上万元；一条红色的圆珠手串（珠径 0.8 厘米）也卖到 1 万元人民币；一条鲜红如血、几近无瑕的顶级红珊瑚圆珠项链（珠径 1.6 厘米）卖到 9 万元人民币。

红珊瑚雕吉祥辣椒

在全国各地举办的很多拍卖会上，红珊瑚饰品的价格常常高得惊人，而以红珊瑚为材料雕刻的艺术品就更为罕见了。在目前的拍卖市场上，珊瑚饰品的大小往往是决定其价格的重要因素之一。在 2000 年香港佳士得春季拍卖会上，一件大型的清代珊瑚雕夔凤摆件，成交价为 37 万元人民币。而一件小型的珊瑚吊坠，拍卖成交价也要数千元人民币。在 2006 年上海春季拍卖会上，晚清时期的珊瑚雕孔雀花鸟摆件，是一件上等的红珊瑚雕件，雕琢工艺精湛，成交价达到 3.85 万元人民币。而珊瑚人物雕像更是珊瑚制品中的上品，在 2007 年某地的一场艺术品拍卖会上，一件大型的清代珊瑚雕人物摆件，以 57.2 万元人民币的价格成交，创下了近年来艺术品市场上珊瑚制品的最高成交价记录。由于顶级红珊瑚数量稀少，特别是一些 70 厘米以上的珊瑚树，更为罕见，这样的精品极具收藏价值，将来的升值空间比较大。

清 珊瑚花鸟盖瓶

此外，珊瑚和钻石一样，越大的红珊瑚价格就越高昂。而雕工是影响珊瑚价格的另一个重要因素：一要看雕刻的人是否为名家，如果是雕刻名家，那么红珊瑚的价格显然不能跟一般雕工的价格一样；二是要看雕工好不好，动物和山水则要看是否栩栩如生，人物则要看形象是否端庄。有些人选购红珊瑚的时候，往往只关注精品，但是精品红珊瑚跟白玉一样，都是可遇不可求的。

目前，国内的大部分珠宝市场上销售的是海绵珊瑚，最多的是染色海竹珊瑚。同样是红色珊瑚，海绵和海竹珊瑚与极品红珊瑚价格差百倍、千倍甚至万倍。海绵珊瑚、海竹珊瑚饰品的价格是非常低的，几十元就可买一件，而极品红珊瑚少则几百，多则几十万。消费者在购买珊瑚时一定要先掌握一些珊瑚方面的知识后再购买。

总之，珊瑚是很独特的一种海底自然资源，是珍贵的珠宝饰物。近年来，珊瑚因环境污染问题存活率少，我们应该重视和珍惜。

第八章 珊瑚的真假辨别

珊瑚的优化处理

经过优化处理的珊瑚，外观可以更加美丽，还能够延长寿命和耐久性。约在公元前2000年，印度就出现了经过热处理的玛瑙和红玉髓。随着科学技术的日新月异，染色、充填处理也相继出现。现代技术又出现了辐照处理。一些经过优化处理的珊瑚更接近于完美，而且有着很好的耐久性。但经过优化处理的无法与天然珊瑚媲美，目前在市场上常见的珊瑚优化处理主要有以下几种。

清 红珊瑚花开富贵摆件

染色

将白色珊瑚浸泡在红色或其他颜色的有机染料中染成相应的颜色。早期染色制品可用有机试剂检测其褪色与否或放大观察染剂在缺陷处的富集现象，现代染色制品需进一步鉴别其有机染剂的成分。

涂层珊瑚

涂层珊瑚最容易以假乱真。它是以劣质珊瑚或白珊瑚为核心，采用特殊涂料与珊瑚粉末层层包裹，并且可以仿制红珊瑚的天然瑕疵（如小白点、小黑点），有时可以达到以假乱真的程度，一般消费者难以辨别。

清 珊瑚雕双欢挂件

清 珊瑚雕螭龙带钩

充填处理

用高分子聚合物充填多孔的劣质珊瑚。充填处理的珊瑚密度低于正常珊瑚。

漂白

漂白通常要用双氧水去除杂色，还可将深色珊瑚漂白成浅色珊瑚。黑色珊瑚可漂白成金黄色，暗红色珊瑚可漂白成粉红色。

覆膜处理

对质地疏松或颜色较差的珊瑚进行覆膜处理，多见于黑珊瑚。覆膜黑珊瑚的光泽较强，基本上看不出丘疹状凸起或凸起很平缓，表面有典型的韧性。

珊瑚观音乘凤摆件

红色合成珊瑚手链

珊瑚的仿制品

（1）染色珊瑚：对海竹进行染色以冒充白色珊瑚。其特征是有很明显的纵向纹理，质地粗糙。

（2）填充染色珊瑚：对质地疏松的浅海造礁珊瑚用注胶方式填充染色，冒充红珊瑚。其特征是表面光滑、粗糙易碎、颜色容易褪变。

（3）合成染色珊瑚：将各种贝类和造礁珊瑚磨成粉末，塑注成各种珊瑚形状，没有自然纹理。

红珊瑚花件——牡丹

（4）各类玉石仿珊瑚：用白云石和方解石染色而成。其特征是染色若处理不当，很快就会褪色。

（5）塑料染色珊瑚：用塑料制品染色冒充红珊瑚。其特征是质地非常轻，很容易褪色，没有自然纹理与光泽。

（6）骨制品：以牛、驼、象骨制品冒充珊瑚，具有孔状结构，结构粗糙，性韧而不易断。

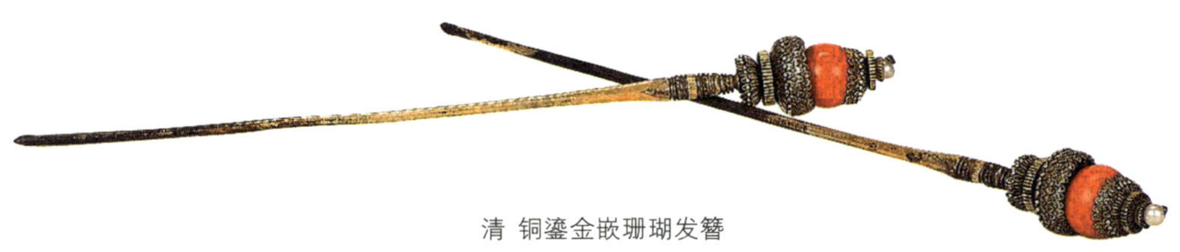

清 铜鎏金嵌珊瑚发簪

珊瑚的真假鉴别技法

对于红珊瑚的原料或原石来说，鉴定是比较容易的，因为红珊瑚具有独特的树枝形态和条带状纹理，这是其他宝石没有且无法模拟的。

而珊瑚在加工成项链、戒指等成品后就较难鉴别，需要掌握一定的鉴别技法。

珊瑚美神雕像项链

红珊瑚花件——牡丹带翠

第一，用肉眼识别。珊瑚多见的颜色是红色、粉红色，在纵切面上有颜色深浅不同的波状纵向纹理，这些纹理肉眼观察不清晰，而海竹珊瑚的纹理非常明显。红珊瑚的颜色均匀，在珊瑚物件上可见到虫孔。黑珊瑚、金珊瑚横截面显示环绕原生枝管轴的同心环状结构，与树木年轮相似，纵切面表层具有独特的小丘疹状外观。

第二，测试密度。红色类珊瑚密度是2.60克/厘米^3~2.70克/厘米^3，折射率是1.65。黑珊瑚和金珊瑚密度是1.30克/厘米^3~1.50克/厘米^3，折射率是1.56。需要注意的是，珊瑚最好不要测折射率，以免棕色的折射油污染珍贵的珊瑚。

以上所说只是简单的鉴别方法，下面我们具体讲解各种仿制品与天然珊瑚的鉴别之法。

红珊瑚与染色大理石的鉴别

染色大理石具有粒状结构，颜色分布在颗粒的缝隙中，不具有珊瑚的结构特征。如果滴盐酸，染色大理石与盐酸反应产生红色的气泡，而天然珊瑚产生白色气泡。但是，人们一般不会做这种破坏性的试验，而主要是从其横切面和纵切面的结构特点来鉴定，天然珊瑚的横切面具放射状、同心圆状结构，纵切面有平行波状条纹和小丘疹状外观。

18K金镶钻阿卡红珊瑚吊坠

红珊瑚与贝壳的鉴别

染色贝壳常被用来仿制粉红色的珊瑚。贝壳具有珍珠光泽，层状构造，染色后颜色聚集在层间。贝壳具有晕彩，折射率为 1.486~1.658，密度为 2.85 克 / 厘米^3。

红珊瑚项链

清 珊瑚雕梅花镇纸

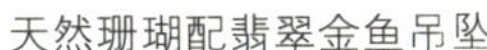

天然珊瑚配翡翠金鱼吊坠

红珊瑚与染色骨制品的鉴别

染色骨制品一般是指用牛骨、驼骨、象骨等动物骨头染色或涂层后仿制的珊瑚。骨制品性韧，断口是参差不齐的锯齿状。骨制品的颜色表面深，内部浅，颜色显得呆板，并且会掉色，不透明，折射率为 1.54，密度为 1.70 克 / 厘米^3 ~ 1.95 克 / 厘米^3。珊瑚的断口较平整。可用以下方法进行区分：珊瑚能与稀酸反应，骨制品不与酸反应。纵切面，珊瑚是连续的波纹状纹理，骨制品是断续的平直纹理。从横切面来观察，骨制品则具有圆孔状结构，珊瑚具有放射状、同心圆状结构。此外，珊瑚的颜色为天然色，内外一致，而且为透明的红色。尤其在饰品的钻孔处观察，骨制品的孔壁是白色的。且珊瑚具有白心、白斑、虫穴，骨制品往往没有。

天然珊瑚配钻石玫瑰手链

红珊瑚与吉尔森仿制珊瑚的鉴别

市场上的吉尔森仿制珊瑚是用方解石粉末加上少量染料在高温、高压下黏制而成的。其外观和天然珊瑚非常相似，颜色分布非常均匀，但在放大镜下观察则无条带状和同心圆状构造，只有微细粒状结构，密度只有 2.45 克 / 厘米 ^{3}。

珊瑚双南金镶钻心形胸针

红珊瑚与红玻璃的鉴别

玻璃仿珊瑚具有明显的玻璃光泽，放大观察内部有气泡、旋涡纹，贝壳状断口，硬度大，不与酸反应，没有珊瑚的特征结构，折射率 1.635，密度 3.69 克 / 厘米 ^{3}。

桃红珊瑚中国结手工绳艺项链——牡丹

红珊瑚和与染色珊瑚的鉴别

由于红珊瑚的价值高，市场上有大量染色的珊瑚来冒充天然红珊瑚。染色的珊瑚与天然的珊瑚在结构和密度等一系列性质上是完全一致的，对消费者来说是一个难题，一定要注意区分染色珊瑚。具体鉴别方法是：染色珊瑚的颜色过于浓艳，颜色分布不均匀，表里不一，颜色外深内浅，染料集中在裂隙和孔洞中；用蘸有丙酮的棉签擦拭，若棉签被染色，即可确定为染色珊瑚。

红珊瑚与海螺珍珠的鉴别

海螺珍珠的颜色和外观与珊瑚很相似，放大观察海螺珍珠具有火焰状图案，且有明显的粉红色和白色层状分布，密度 2.085 克 / 厘米 ^{3}，比珊瑚大。

天然白珊瑚配绿松石手链

红珊瑚与海绵珊瑚的区别

海绵珊瑚主要有粉白色、粉色、红色和白色，具有明显的毛孔，质地松软、粗糙，直接销售的为磨砂状饰品，密度小，质量轻，硬度也小，常常需要充填、染色处理，毛孔处颜色深。市面上的海绵珊瑚有多种鲜艳的颜色。

目前市场上大部分染色珊瑚都是海竹珊瑚染色制成的，有红色、黄色、橙色。海竹珊瑚染色的饰品颜色鲜艳呆板，透明度差，有明显凸起的纵纹。有的甚至在表面涂一层类似油漆的东西，光滑的表面常把海竹纹理等覆盖。鉴定方法：价格便宜；颜色浓，与天然珊瑚颜色不一样；染色不均匀，染色较薄的地方会露出内部浅色的纹理或肢体。

清 红珊瑚团寿念珠

清中期 珊瑚雕岁寒三友挂件

红珊瑚与红塑料的鉴别

塑料仿珊瑚表面不平整，硬度低，密度只有 1.05 克/厘米^3~1.55 克/厘米^3，折射率 1.49~1.67，不与酸反应，放大观察有气泡、旋涡纹，表面常留有模具的痕迹，用热针扎具有辛辣的气味。塑料制品染色制成的红珊瑚，重量轻，易褪色，无自然纹理与光泽。

雅韵天成：蜜蜡·珊瑚收藏与鉴赏
编委会

● 主　编

任泉溪

● 副主编

任　佳　王丙杰　贾振明

● 编　委

玮　珏　苏　易　张怡轩

陶若珑　王炜宁　王俊宇

白若贤　叶晓雯　白　羽